Otto Betz/Tim Schramm
Perlenlied und Thomas-Evangelium

OTTO BETZ / TIM SCHRAMM

PERLENLIED UND THOMAS-EVANGELIUM

TEXTE AUS DER FRÜHZEIT DES CHRISTENTUMS

Mit Illustrationen von Regine Elsner

Benziger

CIP-Kurztitelaufnahme der Deutschen Bibliothek

Betz, Otto:

Perlenlied und Thomas-Evangelium: Texte aus d. Frühzeit
d. Christentums/Otto Betz; Tim Schramm. Mit Ill. von
Regine Elsner. – Zürich; Einsiedeln; Köln: Benziger, 1985.
　　EST d. 1. kommentierten Werkes: Acta Thomae ‹dt.›. –
　　EST d. 2. kommentierten Werkes: Evangelium Thomae
　　‹dt.›
　　ISBN 3-545-23052-X

NE: Schramm, Tim:; Perlenlied; Acta Thomae ‹dt.›;
Thomas-Evangelium; Evangelium Thomae ‹dt.›

Umschlaggestaltung: Peter Kunz Zürich
Herstellung: Benziger Graphischer Betrieb Einsiedeln
ISBN 3 545 23052 X

Inhalt

Dr. med.
Rudolf Mischkowsky
zum 7. Februar 1986

Vorwort

Das Christentum unserer Gegenwart mag uns zuweilen verwirrend vielfältig erscheinen – südamerikanische Befreiungstheologen neben den Kardinälen im Vatikan, schwedische Lutheraner neben orthodoxen Popen auf Kreta –, das Christentum unserer Tage ist aber ganz sicher einheitlicher als die Christenheit der ersten Jahrhunderte. Erst im Laufe des 3. und 4. Jahrhunderts erreicht die Entwicklung zu der einen von Rom bestimmten katholischen Kirche einen gewissen vorläufigen Abschluß. Alle, fast alle Gestalten des Christentums seither teilen Grundvoraussetzungen, die damals in einem konfliktreichen Prozeß geschaffen worden sind: den Kanon des Neuen Testaments, das Glaubensbekenntnis und die institutionelle Struktur der Kirche. Von den sogenannten Ketzerbestreitern wie Irenäus, Tertullian u.a. wissen wir, daß es neben den großkirchlich-katholischen Gemeinden viele christliche Gruppen gegeben hat, die glaubend und denkend und in der Praxis des Gemeindelebens eigene Wege gegangen sind. Sie haben nicht nur die später im Neuen Testament als «Kanon» definierten Schriften geachtet und benutzt, sondern daneben oder stattdessen andere – Evangelien, Apostelgeschichten, Briefe und Apokalypsen, z.B. ein «Evangelium nach Maria» oder die Geschichte der «Taten der apostelgleichen Thekla». Durch den sensationellen Fund von Teilen einer christlich-gnostischen Bibliothek in Oberägypten im Jahre 1945/46 ist unsere Kenntnis über diese (später unterdrückte und verfolgte) Literatur erweitert und auf eine neue Basis gestellt. Hier gibt es Texte zu entdecken, die Interesse und Aufmerksamkeit verdienen: der außerordentliche Ernst, mit dem sie das menschliche Leben sehen, die Radikalität ihrer Forderung nach Weltüberlegenheit und Verzicht und nicht zuletzt die poetische Kraft ihrer Sprache sind beeindruckend.

Und da wir uns heute von «apokryphen» Texten und «heterodoxen» Lehren nicht mehr bedroht fühlen, können wir diese Zeugnisse aus den Anfängen des Christentums unbefangen lesen und uns ihnen in Gelassenheit aussetzen. Dieses kleine Buch will Gelegenheit dazu geben; es versammelt eine Auswahl von Texten aus der frühchristlich-gnostischen Welt: das Perlenlied aus den Thomas-Akten (auch «Seelenhymnus» genannt), die 114 Sprüche des Thomas-Evangeliums und schließlich einige Hymnen und Psalmen aus dem Umkreis der Thomas-Tradition.

«Im Rahmen der theologischen Studientage hat die katholische Akademie Hamburg durch die Lektüre und Reflexion der Texte, sowie in Analyse und Kritik diese Quellen einem grossen Publikum vermitteln können.»

Die Bilder zu den Texten, Federzeichnungen und Radierungen von Regine Elsner[1], wollen Symbole und Motive vor allem des Perlenliedes veranschaulichen; sie erschließen die religiöse Sprache der Thomas-Tradition und helfen zu meditativer Aneignung.

Unsere Widmung gilt dem achtzigjährigen Rudolf Mischkowsky, den wir als sprachbegeisterten, religionsgeschichtlich interessierten und oekumenisch gesonnenen Doktor verehren und lieben.

Hamburg, 15. Februar 1985

Otto Betz/Tim Schramm,
Günter Gorschenek

Frühchristliche Thomas-Traditionen

Das frühe Christentum in den Ländern rund um das östliche Mittelmeer und in Vorderasien ist keine einheitliche Größe gewesen; es war einige Generationen lang nicht straff organisiert, und so konnten sich unterschiedliche Formen des Christseins ausprägen. Weder in der Lehre noch im Kanon der heiligen Schriften, noch weniger in der Liturgie und im Liedgut gab es «kanonische» Einheitlichkeit. Die verschiedenen Gemeinden hatten wohl Verbindung untereinander, aber es gab unterschiedliche Schwerpunkte, nationale Eigenarten wirkten sich aus und es wurden Sondertraditionen gepflegt, die nicht unbedingt die Anerkennung der übrigen Kirche fanden. Und es gab große charismatische Gestalten, die eigene Schulen gründeten und persönliche Akzente setzten.

Von besonderer Bedeutung war die syrische Kirche, deren Gemeinden außerordentlich lebendig gewesen sein müssen. Allerdings stießen dort auch rivalisierende Gruppen aufeinander, unterschiedliche Lehrauffassungen stritten um die Vorrangstellung. Und weil die Kanonbildung der Schriften des Neuen Testaments noch nicht abgeschlossen war, entstanden weitere Evangelien, Apostelgeschichten und Apokalypsen; man wollte den eigenen Weg christlicher Verwirklichung von Jesus und den Aposteln her legitimieren. Wenn diese Schriften später auch als apokryph eingestuft wurden, so haben sie doch ihre Wichtigkeit: manche von ihnen sind jahrhundertelang wirksam gewesen und haben die Frömmigkeit und das Glaubensleben vieler Menschen geprägt. Vor allem: viele dieser Texte haben eine große sprachliche Kraft; ihre poetischen Wendungen und ihre Bilder sind auch heute noch voller Ausstrahlung und Faszination.

Die syrische Kirche umfaßt im Nordosten den Oberlauf der beiden Ströme, das Zweistromland, das seinerseits durch Jahrtausende hin ein Mutterboden von Hochkulturen, aber auch ein Brennpunkt kulturellen Austauschs war. Hier stießen ganz unterschiedliche geistige Welten und kulturelle Gestalten aufeinander, kämpften um Vorherrschaft und befruchteten sich gegenseitig. Um die Zeitenwende und in den ersten Jahrhunderten danach wirkten sich iranische Elemente aus, die parthische Tradition mit ihrem dualistischen Weltverständnis war noch präsent. Dann gab es als eine lebendige Kraft das Judentum der Diaspora, an dessen Rändern die ersten mehrheitlich wohl judenchristlichen Gemeinden in diesem Gebiet entstanden. Schließlich stand die ganze Region unter dem Einfluß des römischen Reiches; sie wurde, schon lange bevor die christliche Mission einsetzte, kulturell von der Prägekraft des Hellenismus bestimmt; insbesondere die philosophischen Schulen des Platonismus und Stoizismus haben das geistige Leben beeinflußt. Es ist gut möglich, daß die gnostische Bewegung hier ihren Anfang genommen oder zumindest doch ihre geschichtsmächtige Ausprägung gefunden hat; das Zusammentreffen iranisch-dualisti-

scher, jüdischer und griechisch-hellenistischer Überlieferungen ergab einen guten Nährboden für synkre-
tische Glaubensformen.

Das sich in diesem Gebiet entfaltende Christentum
hat sich gebend und nehmend am Austausch der
Traditionen beteiligt und selber in sich unterschiedliche, synkretistische Gestalten gewonnen. Seine
Schriften wurden gern mit dem Apostel Thomas in
Zusammenhang gebracht, der – wie Petrus, Johannes, Jakobus oder Paulus in anderen Bereichen christlicher Mission – hier zu einem Garanten der Überlieferung wurde und mit der nordsyrischen Stadt Edessa verbunden ist.[2]

Edessa, heute in der südöstlichen Türkei gelegen,
war damals die Hauptstadt eines kleinen eigenen Kö-
nigreichs, das sich rühmte, die älteste christliche Dy-
nastie zu besitzen. Nach der Legende hörte König
Abgar V. Uchama – er herrschte von 9 bis 46 n. Chr.
– von den Wundern, die Jesus in Palästina wirkte,
und schrieb ihm einen Brief, in dem es heißt:

« König Abgar entbietet Jesus, dem guten Heiland, der
am Ort Jerusalem erschienen ist, seinen Gruß. Ich habe
von Dir und Deinen Heilungen gehört . . .. Es geht die
Rede, Du machest Blinde sehend, vertreibest böse Gei-
ster, heilest die von langer Krankheit Geplagten und
weckest Tote auf.

Deshalb schreibe ich jetzt und bitte Dich, Du mögest
Dich zu mir bemühen und mein Leiden heilen . . . Ich
habe eine Stadt, die zwar klein ist, aber würdig, um
für uns beide auszureichen.»[3]

Abgar bietet Jesus angesichts der Feindschaft der Juden seine Residenz als sicheren Wohnort an. Wie die Legende weitererzählt, hat Jesus gleichfalls durch einen Brief geantwortet. Er preist den König selig, weil er glaube, ohne gesehen zu haben. Die Einladung muß er ablehnen, da er sein Werk und sein Leben in Palästina zu vollenden hat. Aber der fromme König erhält ein Versprechen:

> «Doch werde ich, wenn ich erhöht bin, Dir einen meiner Jünger senden, damit er Dein Leiden heile und Dir und den Deinen das Leben vermittle.»[4]

Nach der Himmelfahrt Christi habe dann der Apostel Thomas den Jünger Addai nach Edessa geschickt, der habe dort den christlichen Glauben gepredigt und die erste Gemeinde gegründet. Die sog. «Doctrina Addai», die darüber berichtet, ist zwar vermutlich erst im 4. Jahrhundert entstanden; sie war aber so verbreitet und wurde als so glaubwürdig empfunden, daß der große Kirchenhistoriker Eusebius (265–339) die Predigt Addais in seine Darstellung der Geschichte der Kirche einbezog:

> «Ich werde bei ihnen predigen... und über die Ankunft Jesu berichten, wie sie stattgefunden hat, und über seine Sendung und weswegen er vom Vater gesandt wurde und über seine Macht und seine Werke und die Geheimnisse, von denen er in der Welt geredet hat... und über seine neue Verkündigung und über seine Niedrigkeit und Demut und wie er sich selbst entäußert hat und seine Gottheit... gering gemacht hat und gekreu-

*zigt worden und in die Unterwelt abgestiegen ist und
den Riegel zerbrochen hat, der seit Ewigkeit nicht
zerbrochen worden war, und die Toten auferweckt hat
und allein hinuntergestiegen, jedoch mit einer großen
Menge zum Vater hinaufgestiegen ist.»*[5]

Über das Leben und die Missionstätigkeit des Apostels Thomas wissen wir ansonsten nicht viel. Er soll in Persien missioniert haben und bis nach Südindien gekommen sein. Nach seinem Tod als Märtyrer wurde sein Leichnam nach Edessa gebracht, wo man ihm ein Martyrion, eine Gedenkstätte, errichtete. In einem erhalten gebliebenen Pilgerbericht erzählt die Nonne Egeria von ihrer Fahrt im Jahre 384 nach Edessa zum Grab des Thomas. Auch Eusebius zitiert aus der Abgarlegende, die sich damals im Archiv von Edessa befunden hat: viele Menschen seien zum Thomasgrab und zur Grabstätte edessenischer Märtyrer gewallfahrtet.

Die apokryphen Schriften, die mit dem Namen des Apostels Thomas verbunden sind, wie das «Kindheitsevangelium von Thomas, dem Israeliten»[6], das «Thomasevangelium»[7]; die «Thomas-Akten»[8], die «Thomas-Apokalypse»[9], und das «Buch des (Athleten) Thomas»[10], hat man oft generell als gnostisch gekennzeichnet. Aber das dürfte eine zu starke Vereinfachung eines komplizierten Sachverhaltes sein. Die syrischen Christen, die hier zu Wort kommen, haben zwar eine besondere Vorliebe für ein asketisches Leben gehabt; viele verzichteten rigoros auf Besitz und ausgeprägten Lebensgenuß, auch auf die

Ehe, wie die «Enkratiten», jene christlichen Gruppen in Ägypten, die dieser radikalen Askese anhingen.

Wir können aber annehmen, daß es zunächst keine klare Grenzziehung zwischen einer (noch) orthodoxen Askese und gnostischer Weltverachtung, zwischen einer christlichen Verzichthaltung und manichäischer Verteufelung des Leibes und der Sexualität gab. Gewisse der Gnosis nahestehende Vorstellungen lagen damals gleichsam in der Luft; sie wurden in weithin akzeptierter Weise mit der christlichen Botschaft verflochten; die Grenze zwischen «Rechtgläubigkeit und Ketzerei» war eben noch nicht fixiert.[11] So heißt es z.B. in der Addai-Legende:

> *« Betrachtet euch im Hinblick auf die Welt als Reisende und Gäste, die nur eine Nacht bleiben und bald zu ihren Häusern zurückkehren.»*[12]

Ganz ähnlich argumentiert auch der Syrer Ephräm, der zweifellos «orthodox» geblieben ist und gnostische Tendenzen in den Gemeinden bekämpft:

> *« Wer die Vollkommenheit anstrebt, der erwähle sich das Wanderleben... Wer also vollkommen zu sein wünscht, der gehe aus seinem Ort und lasse sich belehren.»*[13]

Wer innerlich von der Botschaft Christi erfaßt worden ist, kann nicht seßhaft bleiben und seine irdische Existenz als letzte und letztgültige Wirklichkeit betrachten; er muß sein Leben als Wanderung begreifen – auf der Suche nach der wirklichen Heimat. Das läßt sich durchaus (noch) im Rahmen neutestamentlicher

Frömmigkeit verstehen, so wenn der Verfasser des Hebräerbriefes sagt:

> «*Hier haben wir keine bleibende Stätte: die künftige suchen wir*» *(Hebr 13,14)*;

es kann aber auch Ausdruck christlich-gnostischer Weltverneinung sein, wie ein Wort Jesu aus dem Thomas-Evangelium (Spruch 42) zeigt:

> «*Jesus sagte: Werdet Vorübergehende!*»

Entscheidend ist der theologische Gesamtzusammenhang, in dem solche Einsicht steht, – und der wird in der syrischen Kirche zu einem umstrittenen Thema zwischen den «Konfessionen» von der (erst später so genannten) Orthodoxie über christlich-gnostische Gruppen bis hin zur außerchristlichen Gnosis. Die Frage der Haltung zur Welt spielt dabei eine überragende Rolle. Wo die Askeseforderung radikalisiert wird und das Heil nur dem zuteil werden kann, der in dieser Welt nicht mehr Gottes Schöpfung, sondern das Werk gottfeindlicher dämonischer Mächte sieht, da ist der Boden des katholischen Christentums verlassen. Andererseits kann eine christlich vermittelte Askese sich durchaus in Bildern Ausdruck verschaffen, die gnostischen Vorstellungen sehr nahestehen. Die Gestalt des Mönchs Makarius (um 400), der nicht mit der Kirche gebrochen hat, ist dafür ein Beispiel:

> «*Vom Wege der Wahrheit sich abkehrend, ist die Seele fern von Gott in die Wüste dieses Äons geraten, und hat, indem sie das Licht verließ, sich vom Leben*

17

geschieden und hat sich über die ganze Erde zerstreut.
Da die Propheten und Gerechten sie nicht zu sammeln
vermochten, ist der Herr selbst unter uns getreten,
sammelte die zerstreute Seele aus diesem Äon und
machte sie fehlerlos und vollkommen.» [14]

Die im folgenden zusammengestellten Texte aus der
Thomas-Überlieferung vermitteln einen Einblick in
das Ringen der syrischen Christenheit um ihre Identi-
tät. Das ist nicht nur ein kirchenhistorisch und theo-
logisch interessanter, sondern auch ein menschlich
bewegender Vorgang, zumal hier weithin in plasti-
scher Sprache und in archetypischen Bildern Selbst-
verständigung gesucht wird.

 erlenlied[15]

Ein kleines Kind war ich noch
und wohnte im Hause meines Vaters,
im Hause des großen Königs.
Von Reichtum und Macht war ich umgeben,
die Fürsorge meiner Erzieher umhegte mich.

Doch eines Tages riefen meine Eltern mich
und sagten zu mir: «Du wirst eine große Reise unter-
                                        nehmen,
die Heimat, den Osten, mußt du verlassen,
weit in den Westen wirst du ziehen.
Kostbarkeiten aus dem Schatzhaus liegen bereit,
wertvoll ist das Bündel, doch leicht zu tragen.
Gold vom Haus der Hohen,
Silber vom großen Ganzak,
Chalzedone aus Indien, Opale aus Kuschan.»
In meinem Gürtel fand ich den Diamanten,
der selbst Eisen zerschneiden kann.

Aber das Kleid aus purem Glanz,
das Gewand, aus der Liebe meiner Eltern gefertigt,
den scharlachfarbenen Mantel, all das mußte ich ausziehen,
so sorgsam sie meiner Gestalt auch angemessen waren.

Vor dem Angesicht meiner Eltern stand ich,
und sie schlossen mit mir einen Vertrag,
in mein Herz schrieben sie ihn,
nie sollte ich ihn vergessen:
«Hinunter nach Ägypten wirst du steigen,
dort wirst du die Perle finden, die ihresgleichen nicht
hat.
Mitten im Meer wird sie sein,
von einem schnaubenden Drachen bewacht.
Wenn du zurückkommst mit der Perle, die ihresgleichen nicht hat,
sollst du dein Strahlenkleid wieder anziehen,
den kostbaren Mantel erhältst du zurück.
Mit deinem Bruder, unserem Zweiten,
wirst du der Erbe sein in unserem Reich.»

So verließ ich meine Heimat, den Osten,
stieg hinab, von zwei Boten des Reiches begleitet.
Voller Gefahren war der Weg, schwierig war meine
Reise,
ich war noch zu jung, um alleine zu gehen.

Über die Grenzen von Mesene,
wo die Kaufleute des Ostens sich treffen,
gelangte ich nach Babylon,
trat ein in die Mauern von Sarbug,

bis ich schließlich nach Ägypten hinabstieg,
dort verließen mich meine Begleiter.

Ohne zu zögern ging ich zum Drachen,
lagerte mich in der Nähe von seiner Behausung.
Und ich wartete, bis er zu schlummern begänne,
bis er in den Schlaf sinken würde,
dann wollte ich ihm die Perle entwinden.

Aber die Zeit verging,
nicht schlossen sich die Augen des Drachen,
endlos schien sich die Zeit zu dehnen.
Einsam war ich, keiner stand mir zur Seite,
den anderen Gästen meiner Herberge war ich fremd.

Doch traf ich einen Edelmann aus der Heimat, aus
                                    dem Osten,
schön war er und liebenswert,
vertraut wurde ich mit dem Fürstensohn,
so daß ich ihm von meinem Auftrag erzählte.
Er warnte mich vor den Ägyptern,
nicht einlassen sollte ich mich mit den Unreinen.

Ich aber wollte nicht auffallen,
wollte vermeiden, daß sie mich als Fremden erkenn-
                                    ten,
keiner sollte argwöhnen,
daß ich nach der geheimnisvollen Perle trachtete.
Deshalb kleidete ich mich mit ihren Gewändern,
damit sie den Drachen nicht gegen mich weckten.

Und doch entging ihren Augen nicht,
daß ich ihr Landsmann nicht war.
Und ich erlag ihren schlauen Listen,
ich trank von ihrem Trunk des Vergessens,
und ich aß von ihrer verderblichen Speise.
Da vergaß ich, daß ich ein Königssohn bin,
vergaß meinen Auftrag, vergaß auch die Perle,
nach der meine Eltern mich ausgesandt hatten.

Wie ein Ägypter lebte ich unter ihnen,
diente ihrem König, als sei ich sein Knecht.
In einen tiefen Schlaf fiel ich durch ihre Speise,
abgesunken war alle Erinnerung.

Aber all das, was mir geschah,
bemerkten meine Eltern, bemerkten es mit Trauer.
Eine Botschaft erging in alle Teile des Reiches,

jedermann solle zum Tore kommen.
Und sie kamen, die Könige und Mächtigen aus Par-
thien,
es kamen die Edelleute des Ostens.
Ein Beschluß wurde gefaßt,
nicht im Stich gelassen werden sollte ich in Ägypten.
Und sie schrieben mir einen Brief,
alle Großen des Reiches setzten ihren Namen darauf:

«Kunde von deinem Vater, dem König der Könige.
Kunde von deiner Mutter, der Herrscherin des
Ostens.
Kunde von deinem Bruder, unserem Zweiten.
Dir, unserem Sohn in Ägypten, gilt unser Gruß!
Erwache und stehe auf von deinem Schlaf!
Wach auf und vernimm die Botschaft unseres Brie-
fes!
Erinnere dich: du bist ein Königssohn!
Erkenne, wem du dienst als Knecht!
Erinnere dich der unvergleichlichen Perle,
erinnere dich des Auftrags, den du bekamst!
Erinnere dich des Kleids aus purem Glanz,
erinnere dich des scharlachfarbenen Mantels!
Du wirst wieder damit geschmückt werden,
unvergessen wird dein Name sein,
im Buch der Helden wird man ihn lesen.
Du und dein Bruder, unser Stellvertreter,
ihr seid die Erben, die Erben des Reiches!»

Der König versiegelte den Brief, meinen Brief, mit
seiner Rechten,
bewahrt wurde er vor den Bösen in Babylon,
vor den rebellischen Dämonen von Sarbug.

Wie ein Adler flog der Brief,
der König aller Vögel lieh ihm seine Gestalt.
Er flog zu mir und ließ sich bei mir nieder.
Zu einer Stimme wurde der Brief,
bei seinem Rufen und seinem Rauschen
erwachte ich aus meinem Todesschlaf,
erstand ich aus meinen Todesträumen.
Und ich nahm den Brief und küßte ihn,
ich löste sein Siegel und las ihn.
Da erinnerte ich mich der Worte in meinem Herzen,
die Worte des Briefes und die mir eingeschriebenen
                                                    Worte,
sie stimmten überein.
Wie konnte ich vergessen, daß ich ein Königssohn
                                                    bin?
Wie konnte ich meine Freiheit verleugnen und
untreu werden meiner Berufung?

Nun gedachte ich der Perle,
ihretwegen war ich nach Ägypten gesandt worden,
und ich besann mich auf meine Aufgabe.
So näherte ich mich der schrecklichen Meerschlange
und begann, den schnaubenden Drachen zu verzau-
bern.
Den Namen meines Vaters rief ich über ihn,
den Namen meiner Mutter, der Königin des Ostens,
den Namen meines Bruders, des Zweiten:
Da kam Müdigkeit über die Schlange,
da wurde sie vom Schlaf überfallen,
ihre Augen schlossen sich, sie merkte nicht mehr auf.
Nun konnte ich die unvergleichliche Perle erhaschen –
und kehrte um, mich wieder dem Vaterhause zuzu-
wenden.

Das schmutzige und unreine Kleid der Ägypter streif-
te ich ab,
das Gewand der Knechtschaft ließ ich im fremden
Land.
Und ich suchte meinen Weg,
der mich zum Licht der Heimat, in den Osten,
brächte.
Mein Brief, der mich geweckt und gerettet,
er ging mir auf dem Wege voraus.
Seine Stimme hatte mich zu neuem Leben erweckt,
sein Licht erleuchtete jetzt meinen Weg,
seine Liebe zog mich in die Heimat.
In roten Buchstaben war seine Botschaft geschrieben,
auf kostbarer Seide leuchtete mir seine Kunde.
Von seiner Stimme konnte ich mich leiten lassen,
Mut machte er mir zu eiliger Heimkehr.

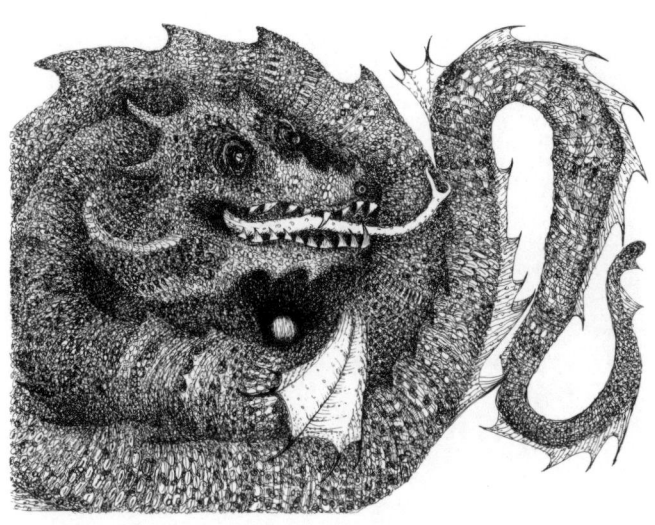

In der Kraft seiner Liebe zog ich dahin,
unbehelligt kam ich durch Sarbug,
Babylon ließ ich zu meiner Linken liegen,
bis ich zur großen Stadt Mesene gelangte,
dem Hafen der Kaufleute, am Ufer des Meeres gele-
                                                    gen.

Und siehe, das Kleid aus purem Glanz,
der kostbare Mantel, den ich ausgezogen hatte,
als ich die Heimat verlassen mußte,
sie kamen mir entgegen, von den Eltern entsandt.
Die getreuen Schatzmeister waren damit betraut,
aus der Höhe von Hyrkanien brachten sie die Gaben.

Fremd war diese Würde mir geworden,
kaum erinnerte ich mich an die edlen Gewänder,
war ich ja noch ein Kind, als ich das Vaterhaus ver-
                                                    lassen;

doch plötzlich erkannte ich mich
in dem Kleid aus purem Glanz,
wie in einem Spiegel fand ich mich selbst im Gegenüber.
Ich sah es ganz in mir
und in ihm sah ich mich.
Wir waren zwei in Geschiedenheit
und wieder eins in Einigkeit.

Auch die Schatzmeister, die mir das Kleid gebracht,
waren zwei in einer Gestalt.
Das Zeichen des Königs war ihnen eingezeichnet,
des Königs, der mir Ehre und Reichtum zurückgab,
das Kleid aus purem Glanz, in Farben erglänzend,
mit Gold und edlen Steinen geschmückt,
mit Chalzedonen und Opalen verziert.
Und die Gelenke des Gürtels
waren gebildet von Diamanten.

Das Bild des Königs der Könige
war dem Gewand überall aufgemalt,
und es funkelten die Steine von Saphir.

Überall sah ich an ihm
die Funken geheimer Erkenntnis aufzucken.
Ich horchte auf seine Stimme,
flüsternde Rede kam an mein Ohr,
den Klang seiner Lieder konnte ich vernehmen,
bei seinem Nahen hörte ich folgende Worte:
«Dem tapfersten Diener gehöre ich zu,
großgeworden bin ich vor meinem Vater,
ich nahm in mir ein Wachstum wahr,
ich wuchs entsprechend seinen Taten,
so daß wir eins sein können.»

Königliche Bewegungen führte das Gewand aus,
bis es sich ganz über mich ergoß
und mir innerlich zuteil wurde.
Auch ich fühlte mich liebevoll angezogen,
lief ihm entgegen, um es zu empfangen.
Ich streckte mich aus und empfing es,
mit der Schönheit seiner Farben schmückte es mich,
von meinem farbenglänzenden Mantel ward ich umfangen.

So herrlich bekleidet stieg ich empor
zum Tor der Begrüßung und der Verehrung.
Ich neigte mein Haupt
und huldigte dem Vater und seinem Glanz;
er hat mir das kostbare Kleid geschenkt.
Sein Gebot habe ich erfüllt,
und er hat getan, was er mir verheißen.

Am Tore seiner Satrapen mischte ich mich unter seine Großen,
voller Freude wandte er sich mir zu und empfing
mich.
Nun darf ich mit ihm in seinem Königreich weilen.
Mit dem Klang der Instrumente
preisen ihn alle seine Diener.
Verheißen ist mir zu verweilen im Tore,
zum König der Könige darf ich reisen,
vor unserem König darf ich erscheinen,
mit meiner Gabe, mit der unvergleichlichen Perle.

Kommentar

In den ersten christlichen Jahrhunderten entstand
eine ganze Reihe von apokryphen Apostelgeschichten, weil man mehr vom Schicksal der Apostel zu
erfahren wünschte, wahrscheinlich auch deshalb, weil
manche Gemeinde ihre eigene Geschichte auf die
Gründung eines Apostels zurückführen wollte. So
entstanden die Berichte über die Taten (Acta) des
Petrus, Paulus, Johannes, Andreas und des Thomas.[16] Die Thomas-Akten haben eine gewisse Ver-
wandtschaft zu den (wahrscheinlich in Antiochien
beheimateten) Petrusakten. Sie bieten volkstümliche
Geschichten, die von der Missionstätigkeit und den
Reisen der Apostel berichten, von den Wundern, die
sie wirkten, den Bekehrungserfolgen und schließlich
von ihrem Martyrium.

Ein herausragendes Thema der Thomasakten ist die
Enthaltsamkeit; die gesamte irdische Wirklichkeit
und dabei besonders Sexualität und Ehe werden deutlich abgewertet. Alles Irdisch-Vergängliche erscheint
wertlos gegenüber dem Unvergänglich-Ewigen: Die
menschliche Ehe kann nichts mehr bedeuten, denn:
«Ich bin eine andere Ehe eingegangen» (Kap. 14), die
Ehe mit Jesus nämlich. Eine rigorose Askese wird
erwartet, im Grunde möchte der Christ vom Leib
befreit werden. Das ist ein ausgesprochen gnostischer
Zug; ebenso der Gedanke einer präexistenten Seins-
weise der Seele, die auf dem Wege über Selbsterfah-

rung und Erkenntnis (Gnosis) ihr irdisch-leibliches Dasein verlassen und in die himmlische Vollendung zurückkehren will. Hier spricht sich das gnostische Existenzverständnis geradezu klassisch aus, wenn es heißt:

> *« Mich selbst zu suchen und zu erkennen, wer ich war und wer und auf welche Weise ich jetzt bin, damit ich wieder werde, was ich war»* *(Kap. 15).*

Aber die Thomas-Akten waren offensichtlich nicht nur für gnostische Gruppen attraktiv, sondern auch in den großkirchlichen Gemeinden beliebt und so verbreitet, daß sie immer wieder abgeschrieben und vielfach übersetzt worden sind. Neben der syrischen kennen wir viele griechische, aber auch koptische, arabische, äthiopische und armenische Übersetzungen, sogar lateinische. Allerdings hat man den ursprünglichen Text teilweise verändert und Stellen, die als anstößig empfunden wurden, umgeformt. Daß man dieses Buch in orthodoxen *und* manichäischen Gemeinden benutzte, macht deutlich, daß es nicht als ketzerische Schrift empfunden wurde.[17]

In den Thomas-Akten finden sich einige Hymnen und Lieder, die sicher nicht vom Verfasser der Akten stammen, sondern bereits vorlagen und von ihm in den Zusammenhang seiner Geschichten eingeflochten worden sind. Sie werden tatsächlich als «Lieder» verstanden, die gesungen zu starker Wirkung kommen. Eines davon ist das berühmte Perlenlied, das Thomas selber singt, als er im Gefängnis sitzt. Es hat einen epischen Charakter und erzählt − fast wie ein

Märchen – von der Reise eines Prinzen in ein fernes Land des Westens, wo die verlorengegangene Kostbarkeit, die Perle, vielleicht das wichtigste Stück des Kronschatzes, zurückzugewinnen ist. Man kann vielleicht von einem Urmotiv mythischer Erzähltradition sprechen: Die entscheidende Kostbarkeit ist verlorengegangen und muß wiedergefunden werden, wenn das Reich Bestand haben soll. Ein Abschied muß gewagt, eine gefährliche Reise unternommen, ein Kampf durchgestanden, eine große Gefährdung überwunden werden, damit auch die Rückkehr und die Wiedereinsetzung in die Sohnesrechte vor sich gehen kann.

In der Entstehungszeit der Thomas-Akten (1. Hälfte des 3. Jahrhunderts) hatte man offenbar keine Scheu, Lieder zu benutzen und tradierte Erzählstoffe, die eine gewisse Nähe zu mythischen Traditionen und Epen hatten, wenn sie nur dazu hilfreich waren, dem Welt- und Erlösungsverständnis Ausdruck zu geben und die Gefährdung der menschlichen Seele und das Erlösungswerk der Rettung verstehbar zu machen. – Man darf freilich das Glaubensverständnis der damaligen syrischen Kirche nicht mit der Meßlatte eines systematisch geordneten und dogmatisch reflektierten Credo messen; es wurden durchaus noch andere Akzente gesetzt und manches vernachlässigt, was uns heute wesentlich ist.

Eine Dichtung hat soviel Wahrheit, als sie Wirklichkeit erschließen kann. Die alten Lieder und Sagen, Mythen und Märchen, sind ja nicht bewahrt, aufgeschrieben und weitergegeben worden, um unsere Phantasie zu beschäftigen, sondern um uns Angebote zu machen, unser eigenes Dasein besser zu begreifen. «Hör dir diese Geschichte an», so bekommen wir gesagt, «und achte darauf, ob du nicht deine eigene Geschichte dabei erfährst, ob du nicht dich und dein Geschick darin gespiegelt findest.» Im Grunde sind wir auf der Suche nach unserer «Schlüsselgeschichte», die uns die eigene Existenz besser begreiflich macht.

Die alten Lieder und Geschichten bleiben deshalb so erstaunlich jung, weil sie in einer bildmächtigen und symbolträchtigen Sprache gesungen und erzählt worden sind. Und weil wir Menschen immer wieder in ähnliche Verstrickungen geraten, weil sich die Gefahren und Nöte ähneln, weil uns auch Lösungen angeboten werden und uns Heil geschenkt wird, deshalb erwachen die Geschichten zu neuem Leben, wir können sie uns aneignen und Kraft daraus gewinnen.

Mit Bildern und Symbolen umgehen, das kann nicht bedeuten, sie auf rationale Weise auszudeuten und in eine Begriffssprache zu übersetzen, das würde ihre Aussagekraft zerstören. Symbole lassen sich nicht festlegen und eindeutig machen, ihre Sprache ist vieldeutig und hat viele Facetten. Und trotzdem müssen wir lernen, uns darauf einzulassen.

Im Perlenlied, das man auch den Hymnus von der Seele genannt hat, ist eine Fülle von geheimnisvollen Bildern zu finden, die alle dazu beitragen, das Schicksal des Menschen (und seiner Seele), seinen Auftrag und seine Schuldverstrickung einsichtig zu machen. Er wird dabei nicht allein gelassen, sondern bekommt Hilfestellung geleistet und wird aus dem Dunkel gerettet, muß sich aber in einer entscheidenden Situation bewähren, damit er in die Heimat zurückkehren kann, aber nun mündig geworden und gereift, so daß er fähig ist, die Krone zu tragen und das Erbe anzutreten.

Es ist nicht verwunderlich, daß Carl Gustav Jung die Geschichte als Niederschlag eines seelischen Reifungsweges begreift und die Bilder als archetypische Grundfiguren des Individuationsprozesses zu deuten sucht. Der Sohn wird ausgesandt, die Perle, «den Schatz, das kostbare Erbe des Vaters» zu heben, damit die Krone des königlichen Vaters wieder vollständig wird. Dieser Schatz liegt – so glaubt Jung unsere Geschichte verstehen zu können – «im Grunde eines tiefen, von einem Drachen bewachten Brunnens» verborgen. Der Sohn «taucht in die dunkle Tiefe des Brunnens, wo er im Grunde die Perle findet, um sie schließlich der höchsten Gottheit darzubringen».[18]

Manche Religionswissenschaftler vermuten als Hintergrund des Perlenliedes einen parthischen Mythos: die Perle, das sei eigentlich die individuelle Seele, die sich im Dunkel der Welt verloren habe, die in der Leiblichkeit wie in einem Gefängnis eingesperrt sei.

Ägypten stehe einfach für die Fremde, für die Nacht-
zone, den Todesbereich. Der ausgesandte Prinz ist
eine messianische Gestalt, aber er verstrickt sich auch
in das gleichmacherische Dunkel der Materie und
muß erst selbst herausgerufen werden, um als «erlöster Erlöser» seine Aufgabe erfüllen zu können. Dann
kann er ins Lichtland des Ostens zurückkehren.[19]
Vermutlich haben wir es beim Perlenlied mit einem
Ur-Mythos zu tun, einer so elementaren Geschichte,
daß wir die genaue Herkunft und die Ursprungsge-
stalt nicht bestimmen können. Aber gerade diese
archaische Struktur macht sie wandelbar und vielfältig interpretierbar. Sie wird immer wieder neu gesehen und in einen sich wandelnden Kontext gestellt,
so daß sie auch neue Deutungsmöglichkeiten mit sich
bringt.
Auch in der biblischen Tradition, im späten Buch der
Weisheit (1. Jahrhundert v. Chr.), findet sich ein
Text, den man mit dem Perlenlied in Verbindung
bringen kann und vielleicht als eine Variation seiner
Urgestalt lesen darf:

> *«Als tiefes Schweigen alles umfing und die Nacht in*
> *dem ihr eigenen Lauf bis zur Mitte vorgerückt war,*
> *da sprang dein allmächtiges Wort vom Himmel her,*
> *vom Königsthron aus wie ein grimmiger Krieger mitten*
> *hinein in das dem Verderben geweihte Land...*
> *Eilig trat ein Mann ohne Tadel als Vorkämpfer*
> *ein... Er besiegte das Unheil nicht durch Körper-*
> *kraft, auch nicht mit Waffengewalt, sondern durch das*
> *Wort überwand er den Strafenden, indem er ihn an*

*Eide und Bündnisse mit den Vätern erinnerte ... Auf
seinem bis zu den Füßen herabreichenden Gewand war
die ganze Welt versinnbildet, und die Ruhmesnamen
der Väter waren eingraviert auf den vier Reihen von
Edelsteinen, und deine Majestät auf dem Diadem
seines Hauptes»* (18,14f.21—24)

Die Rettung Israels aus Ägypten durch Gott und die
vermittelnde Großtat des Mose und Aaron werden
hier in hymnischer Weise besungen; die heilige Erinnerung an ein schicksalswendendes Datum im Leben
des Volkes Israel wird mit Motiven benannt, die an
das Perlenlied erinnern. In den ersten vier Jahrhunderten nach Christus scheint das Perlenlied von den
verschiedensten Gruppierungen und Sekten «ange-
eignet» und auf die eigene Situation bezogen worden
zu sein. Die Anhänger des Markion haben es ebenso
benutzt wie die Anhänger Manis, auch die Mandäer,
die sich auf den Täufer Johannes beriefen, variierten
es zu ihrer Version:

*« Der lebendige Geist holte den Ersten Menschen aus
dem Kampf herauf wie eine Perle, die aus dem Meere
heraufgeholt wird.»* [20]

Und Afrahat, ein syrischer Kirchenvater (270 bis
345), der «der persische Weise» genannt wurde, verknüpft mit dem Perlenlied sein Christusverständnis:

*« Das Wort ward Leib und wandelte unter uns.
Und als es zu dem, der es gesandt hatte, zurückkehrte,
da wanderte und ging mit, was es nicht hergebracht
hatte, wie der Apostel sagt: Er hat uns hinaufsteigen*

lassen und uns niedersitzen lassen mit sich im Himmel.»[21]

Einen Zugang zum Perlenlied und seiner Kunde bekommen wir, wenn wir seinen Bildern und Motiven nachgehen. Das soll jetzt geschehen:

ABSTIEG UND AUFSTIEG

In der paulinischen Christologie spielt der Gedanke der Selbstentäußerung des Gott-gleichen eine wichtige Rolle. Christus erniedrigt sich selbst, hält nicht an seiner ihm gemäßen Hoheitsgestalt fest, sondern nimmt Knechtsgestalt an, unterwirft sich in äußerstem Gehorsam bis zum schändlichen Kreuztod.

> *« Er, der in Gottes Gestalt war, setzte nicht einen Anspruch darein, in seiner Gottesgleichheit zu bleiben, sondern er entäußerte sich.*
> *Indem er Knechtsgestalt annahm, uns Menschen gleich wurde und sich in seiner ganzen Erscheinung wie ein Mensch gab, erniedrigte er sich und ward gehorsam bis zum Tod, ja bis zum Tod am Kreuz.*
> *Darum hat Gott ihn auch so hoch erhoben und ihm den Namen verliehen über alle Namen, damit im Namen Jesu sich beuge jedes Knie»* (Phil 2,6–10).

Der Entäußerung und Erniedrigung («Um euretwillen ist er arm geworden, obwohl er reich war, um euch durch seine Armut reich zu machen». 2 Kor 8,9) steht also die Erhöhung gegenüber: Jesus wird zum

Kyrios erhoben, er bekommt Würde und Herrscher-
macht.

In gewisser Weise liegt auch dem Perlenlied dieses
Grundschema vom Abstieg und Wiederaufstieg
zugrunde. Der Prinz muß seine Hoheitsgestalt verlassen, das kostbare Gewand ablegen und in das gefährliche Land im Westen ziehen. Bei der Heimkehr wird
er erhöht; sein Gewand erhält er zurück und ist nun
der gereifte und mündig gewordene Thronerbe.

Ob der Grundfigur des Perlenliedes eine gnostisch-
dualistische Weltauffassung zugrundeliegt, ist in der
Wissenschaft strittig. Vom Text her ist es allerdings
nicht zwingend, das Land Ägypten schlechthin als
den Bereich der Materie anzusehen, in die die Seele
wie eine Perle ins Meer gefallen ist und wieder her-
ausgerettet werden möchte.

Es ist durchaus denkbar, das «Todesreich» Ägypten
als Bereich der Sünde und der Schuldverstrickung
anzusehen. Wer dort verführt wurde, kann sich aus
eigener Kraft nicht wieder erheben, Gott selbst muß
seine Boten, ja seinen Sohn aussenden, um den To-
desbann und den Sündenschlaf zu durchbrechen.

DIE PERLE

Als große Kostbarkeiten sind Perlen immer empfunden worden: ihr matter Schimmer, ihre geheimnisvolle Farbe, ihre unvergleichliche Form hat die Menschen fasziniert. Aber es war nicht nur ihr ästheti-
scher Reiz und der hohe Preis, den man für sie bezah-

len mußte, der ihren Zauber auslöste. Ein ganzes Mythengeflecht windet sich um die Perlen. Nach alten Überlieferungen sind sie ein anschaubares Zeichen für die Hochzeit von Himmel und Erde. Im Frühling, so wird erzählt, tauchen die Muscheln aus der Tiefe auf und öffnen sich dem Mondlicht. Und die Tränen des Mondgottes zeugen die Perlen. Nach anderen Vorstellungen fahren Blitze ins Wasser, und die dabei in die Tiefe dringenden Lichtsamen befruchten die geöffnete Muschel. So ist ja auch Aphrodite die Tochter des blitzeschleudernden Zeus und einer Muschel.

Perlen hielt man nicht nur wegen ihrer Seltenheit und Schönheit für kostbar, man vermutete in ihnen auch geheimnisvolle Heilkräfte, hoffte, daß von ihnen Lebensenergie ausgehe, die sogar das Erstorbene wieder zum Leben zurückrufen könne.[22]

In der Botschaft Jesu wird die Perle zum Inbegriff der Kostbarkeit und sie steht deshalb als Bild für das Heilsgut des Reiches Gottes. Wer die einzigartige herrliche Perle findet, die mit nichts anderem verglichen werden kann, der muß alles daran setzen, sie zu gewinnen.

> *« Mit dem Reich der Himmel verhält es sich wie mit einem Kaufmann, der gute Perlen suchte. Als er eine besonders kostbare Perle fand, ging er hin, verkaufte alles, was er besaß, und kaufte sie» (Mt 13,45 f).*

Wer auf die Perle stößt, für den ist alles, was ihm bisher wichtig war, unwichtig geworden, er kann alles weggeben, um nur die Perle zu erlangen. Und wer das Kostbare, das Heilige, empfangen hat, der kann es nicht verplempern und verschleudern:

«*Gebt das Heilige nicht den Hunden, und werft eure Perlen nicht den Schweinen vor*» (*Mt 7,6*).

Wird im ersten Gleichnis der unfaßliche Wert der Perle betont, so im zweiten die Verantwortung für diesen Schatz. Offenbar kann auch das Heil verloren gehen, wenn es nicht gehütet wird.

Mit der endzeitlichen Hoffnung hängt auch die dritte Stelle in der Bibel zusammen, die von der Perle handelt. In der himmlischen Stadt, dem neuen Jerusalem, werden die Fundamente der Stadtmauern aus Edelsteinen bestehen. Jedoch

«*die zwölf Tore sind zwölf Perlen, jedes von ihnen besteht aus einer einzigen Perle*» (*Offb 21,21*).

Das Endgültige kann nur groß, kostbar und unschätzbar sein, nur Superlative können hier eine Ahnung des Kommenden vermitteln. Die Stadtmauer mit ihren Perlentoren fügt sich wie eine herrliche Kette um die himmlische Stadt. Bei den frühen Theologen und Kirchenvätern fließen nun die mythisch-symbolischen und die biblischen Bilder ineinander. Das Gleichnis von der kostbaren Perle wird von Klemens von Alexandrien folgendermaßen gedeutet:

«*Eine Perle ist auch der durchleuchtende und reinste Jesus, den die Jungfrau aus dem göttlichen Blitz geboren hat. Denn wie die Perle, in Fleisch und Muschel und Feuchtigkeit geboren, ein Körper ist, feucht und durchscheinend von Licht und von Pneuma, so ist auch der fleischgewordene Gott-Logos geistiges Licht, durchscheinend durch feuchten Körper.»[23]*

Aber auch die Menschenseele schlechthin kann als Perle verstanden werden, die in der Meerestiefe ruht und unter Gefahren aus dem Abgrund geholt werden muß. Oder kann man es als die Aufgabe jedes Menschen betrachten, in die Tiefe zu tauchen, um so sein eigentliches Geheimnis zu finden und ans Licht zu bringen? Wahrscheinlich dachte Ephräm der Syrer an die Taufe, als er folgenden Satz dichtete:

«Der mit dem Meer vertraute Taucher allein holt aus dem Meer die Perle.
Tauchet unter! Entraffet dem Wasser die Reinheit, die sich in ihm findet als ein Verborgenes: die Perle, aus der die Krone eures vergöttlichten Seins ihren Ursprung genommen hat.»[24]

Gefährlich ist dieses Hinabtauchen in die Tiefe, weil es nicht sicher ist, ob der Perlfischer wieder nach oben kommt und ob er wirklich die Perle gewinnt. Nur der entschlossene Einsatz und das mutige Wagnis können zum Ziel führen. Auch diesem Gedanken hat Ephräm prägnanten Ausdruck gegeben:

«Wie der Perlentaucher nackt im Ozean unterzutauchen, wie er zwischen den Seeungeheuern hindurch sich einen Weg zu bahnen hat: genau so stoßen die Asketen gleichsam nackt hinab in den Raum, wo die Menschen dieser Welt leben.»[25]

Hier wird auch sofort die asketische Interpretation des Gleichnisses deutlich: aus dem Meer wird die «böse Welt», die die Perle nicht herausgeben will. Nur wer dieser Welt radikal absagt und Verzicht leistet, wer alles drangibt, kommt heil ans Ziel und gewinnt die Perle des Heils. Man muß dabei bedenken, daß Ephräm eben da zu Hause ist, wo die Thomasakten und das Thomasevangelium entstanden sind, in Nordsyrien. Gemeinsame Motive und Bilder werden hier variiert. Auch in der Folgezeit hat die Grundfigur unserer Geschichte sich in vielen Varianten und Spielarten weiter entfaltet. In Sagen, Märchen und Legenden taucht sie auf. In der Heiligenlegende z. B. ist es der Ritter Georg, der den Drachen bekämpft und besiegt, dadurch die Jungfrau rettet und den Eltern zurückbringt. Und wie heißt die Jungfrau? Margarita – die Perle! Auch hier wird die Perle aus der Gewalt des Drachens befreit.

DIE SCHLANGE UND DER DRACHE[26]

In vielen Kulturen gilt die Schlange als da unheimliche, gefährliche, ja böse Tier schlechthin. Sie taucht plötzlich auf, oft aus den Höhlen und Spalten der Erde, bewegt sich auf eine rätselhafte Weise fort, hat ungeheure Kräfte oder ist durch ihr Gift übermächtig. Als das verschlingende Wesen ist sie vor allem ein Bild des drohenden Abgrunds und der Unterwelt. Die Wasserschlange repräsentiert den bedrohlichen und verschlingenden Aspekt des Wassers.

Aber die Schlange gilt auch als Hüterin des Lebens. In ihr wohnt eine Erneuerungskraft, sie häutet sich und wird dadurch wieder jung. Ihr Gift ist tödlich, aber es kann auch zum Heilmittel werden, wenn es kundig angewandt wird. So begleitet sie den Äskulap und wird zum Heilungstier. Die eherne Schlange wird zum Gegengift, zum Heilmittel gegen Schlangenbisse (Num 21,4–9). Klug sind die Schlangen, in ihrer Klugheit sind sie sogar Vorbilder, wenn diese Klugheit mit der Einfalt der Tauben gepaart wird (Mt 10,16).

Im Vordergrund der Betrachtung steht aber doch meist der unheimliche Charakter der Schlange. Als Gilgamesch endlich nach langen Fahrten das Lebenskraut erhalten und damit Unsterblichkeit erlangt hat, stiehlt eine Schlange ihm das ersehnte Heilmittel gegen den Tod und verurteilt ihn damit endgültig zum Sterbenmüssen. Der Basiliskenblick mancher Schlangen wird gefürchtet, wer davon getroffen wird, gerät in einen Bann und kann sich nicht davon befreien.

In den Mythen und Märchen sind Schlangen und Drachen oft dunkle Mächte, die im Wasser, in Höhlen oder auf fernen Inseln hausen, sie rauben Schätze, aber auch Königstöchter und verbergen sie in ihrem Versteck. Wer sie besiegen will, muß klüger sein als sie, wagemutig und unternehmungslustig dazu. Wer sie besiegt, gewinnt die gerettete Jungfrau und den kostbaren Schatz obendrein. Damit der Held nicht von ihrem tückischen und bannenden Blick getroffen wird, muß das Untier erst eingeschläfert werden, nur so ist es zu besiegen.

Kleider haben für den Menschen immer eine Doppel-
funktion gehabt: einerseits sollten sie ihn wärmen und
schützen, sollten seine Blöße bedecken und ihm Sicherheit verleihen; andererseits sollten sie ihn aber
auch schmücken, sein Selbstbewußtsein stärken und
ihm zu besserer Repräsentation verhelfen. Der
Mensch bedarf also der Kleidung, er möchte nicht
ungeschützt allen Gefahren ausgesetzt sein, weil er
sich unsicher und verletzbar erfährt. Aber er weiß
auch um seine Unfertigkeit: das Kleid steht für das,
was an unserer Person noch aussteht, was wir erst
erhoffen. Erik Peterson nimmt an, daß sogar die
Wandlungen der Mode noch etwas mit der Sehnsucht
nach einer gültigeren Verleiblichung zu tun haben.
«Jede Veränderung und Erneuerung des Kleides in
der Mode, die wir bereitwillig auf uns nehmen, weil sie
uns einen neuen Ansatz zu einem Verständnis unser
selbst verheißt, weckt doch nur die Hoffnung nach
dem verlorenen Kleide, das allein unser Wesen deuten, allein unsere ‹Würde› sichtbar machen kann.»[27]
Sehnsucht nach einem neuen Gewand ist also Verlangen nach einem anderen Zustand, in dem wir glückli-
cher, besser im «Gleichgewicht», vollständiger sein
können. Dazu ist es aber nötig, das alte Kleid auszu-
ziehen, vor allem dann, wenn es zerrissen und
schmutzig ist, um ein neues Gewand anzuziehen, das
schöner ist und uns besser paßt. Dieser Kleidertausch
wird zum Symbol für die Erneuerung: das alte Leben
ist zu Ende, ein neues kann beginnen.

Vor der Taufe mußten die Katechumenen ihre alten Gewänder ablegen, nach der Taufe bekamen sie das österliche weiße Gewand gereicht: sie waren neu geworden, das Licht ihrer Erwählung drückte sich in den lichten Gewändern aus, die sie acht Tage lang trugen. In der neutestamentlichen Briefliteratur wird das Bild vom neuen Kleid oft auch mit dem gewandelten sittlichen Leben in Verbindung gebracht. Der Christ soll den alten Menschen – wie ein Kleid – ablegen, damit er erneuert «den neuen Menschen anziehen» kann, «der nach Gottes Urbild in wahrer Gerechtigkeit und Heiligkeit geschaffen ist» (Eph 4,22.24). Nun soll er auch aus einem neuen Geist leben. Das Einüben christlicher Tauglichkeiten soll zu einem neuen Kleid werden, das uns der Gestalt Jesu annähert:

«Bekleidet euch mit aufrichtigem Erbarmen, mit Güte, Demut, Milde, Geduld» (Kol 3,12).

Kleider haben es mit unserem Leib zu tun, aber sie drücken auch unsere ganze Person aus, sie werden zur Darstellungsform des menschlichen Geheimnisses schlechthin. Dabei geht es nicht darum, durch üppige Kleider etwas vorzutäuschen, was nur Fassade bleiben müßte, es geht um die von innen her glaubwürdige Gestaltwerdung des Personkerns. Unser Leben lang sind wir auf der Suche nach diesem «gültigen» Kleid. Peterson macht darauf aufmerksam, daß das Ablegen der Kleider bei der Taufe an die Entkleidung durch den Tod erinnert.[28] Das uns gemäße und ersehnte Gewand können wir uns nicht selbst schneidern, wir erwarten das Kleid der Auferstehung, das nicht verwesen wird. Die Sehnsucht geht nach einem Gewand aus den Schatzhäusern des Himmels wie nach einer Wohnung, nicht von Menschenhand geschaffen, die die irdische Zeltwohnung ersetzt (2 Kor 5,1).

Diese Metaphorik des alten und neuen Gewandes zieht sich durch die geistliche Dichtung der christlichen Frühzeit. In den Oden Salomos, die ebenso wie die thomanischen Schriften in Syrien entstanden sind, heißt es:

> *« Entronnen bin ich aus meinen Banden und bin zu dir entflohen, mein Gott. Und ich wurde bekleidet mit dem Kleide deines Geistes und tat ab von mir die Fellgewänder» (XXV, 1.8).*[29]

Jesus wird als der erwartet, der das neue Kleid und die neue Wohnung bereitet hat.

> *« Der Herr erneuerte mich durch sein Gewand und machte mich bereit durch sein Licht. Und er führte mich in sein Paradies, da, wo der Reichtum der Erfreulichkeit des Herrn ist» (XI, 11.16).*[30]

Im 2. Thomaspsalm, der in einem manichäischen Psalmenbuch enthalten ist,[31] wird die Übertragung des Kleides zum Bild für die Inthronisation:

> *« Wenn mein leuchtendes Kleid endlich kommt, wenn es den umhüllt, der es tragen soll... wenn mein Licht, das leuchtet, alles Dunkel hinter sich gelassen hat... dann werde ich mit meinem Fuß auf die Erde stampfen*

und ihre Finsternis besiegeln... Ausreißen und hin-
ausstoßen werde ich das Böse, und das Gute werde ich
an seine Stelle pflanzen.»

Auffällig ist bei dem Symbol vom neuen Kleid, daß
es einerseits das geschenkte Gewand ist, – keiner
kann es sich selbst geben, jeder muß es von Christus
empfangen, von seiner Gnade gewährt bekommen.
Andererseits ist es aber doch das eigene Gewand, das
der Person einen charakteristischen und unverwech-
selbaren Ausdruck gibt, das mitwächst und nur für
diesen einen Menschen bestimmt ist.
Bei Augustinus werden beide Gedanken verknüpft.
In einer Homilie interpretiert er das Gleichnis vom
hochzeitlichen Gewand so:

> *« Da ist das hochzeitliche Kleid: zieht es an, ihr*
> *Eingeladenen, damit ihr euch ruhig niederlassen könnt.*
> *Saget nicht: wir sind zu arm, um dieses Kleid uns*
> *anzuschaffen.*
> *Bekleidet andere, und ihr werdet bekleidet. Es ist jetzt*
> *Winter: kleidet die Nackten. Der Nackte ist Chri-*
> *stus!*
> *Und habt ihr kein hochzeitliches Kleid – Er schenkt*
> *euch eines!»*[32]

SCHLAFEN UND WACHEN

Wir Menschen leben vom Wechsel der Wach- und
Schlafzustände. Der Körper kann nicht ununterbro-
chen arbeiten und sich wach halten, es verlangt uns
nach dem erquickenden Schlaf, so daß wir uns ausge-

ruht und gleichsam neugeboren wieder dem Tag und seinen Aufgaben widmen können.

Aber es gibt auch eine ausgesprochene Schlafsucht, die Neigung, sich entweder der Bequemlichkeit hinzugeben oder gleichsam in den Schlaf zu fliehen. Wer als «Schlafmütze» in den Tag hinein schläft, verschläft damit auch seine großen Chancen. Der Träge möchte sich vor den Belastungen des Lebens drücken und zieht deshalb den Schlaf vor. – Auf der anderen Seite steht der krankhaft Schlaflose, der vor lauter Angst, etwas zu verpassen, nicht zum Schlafen kommt oder sich aus Besitztrieb und Arbeitswut keine Erholung gönnt. Der Überängstliche glaubt, sich nicht dem Schlaf überlassen zu dürfen.

Unter religiösem Aspekt ist die Bereitschaft und Fähigkeit zum Schlaf ein Ausdruck gläubigen Vertrauens und der Geborgenheit.

> *«Sorglos leg ich mich nieder und entschlummere sogleich, denn du, Herr, allein läßt mich in Sicherheit wohnen» (Ps 4,9).*

Aber die Faulheit und schläfrige Bequemlichkeit kann auch ein Zeichen für Unaufmerksamkeit sein, die in der Bibel gebrandmarkt wird:

> *«Wie lange, du Faulenzer, willst du noch liegen bleiben, wann willst du aufstehen von deinem Schlaf? Nur noch ein wenig schlafen, noch ein wenig schlummern, noch ein wenig die Hände verschränken, um auszuruhen. Da kommt schon wie ein Strolch die Armut über dich, die Not wie ein zudringlicher Bettler» (Spr 6,9–11).*

Es gibt also eine Zeit für den Schlaf, aber es gibt auch eine Zeit, wo es gilt, vom Schlafe aufzustehen, wenn der Tag mit seinen besonderen Chancen nicht vertan werden soll. Das gilt vor allem für den Tag, der als Tag des nahegekommenen Heils und der Heimsuchung durch Gott seinen besonderen Charakter bekommen hat.

«Jetzt ist es Zeit, vom Schlafe aufzustehen. Heute ist unser Heil schon näher als damals, da wir zum Glauben kamen: die Nacht ist vorgerückt, der Tag hat sich genaht» (Rö 13, 11f).

Hier ist einleuchtend, daß es nicht nur um einen ethischen Anruf geht, um die Überwindung einer allgemein-menschlichen Bequemlichkeit, es geht vielmehr darum, den Kairos nicht zu verpassen, das dem Menschen angebotene Heil. – Ein frühchristlicher Hymnus, der im Epheserbrief Eingang fand, gibt dieser Aufforderung besonders prägnant Ausdruck:

«Wache auf, der du schläfst, steh auf von den Toten, und Christus wird dich erleuchten!» (Eph 5,14).

Schon die Botschaft Jesu ist eine Aufforderung zur Wachsamkeit. Nicht, daß den Jüngern das Schlafen verboten würde (von Jesus selbst wird ja berichtet, daß er sogar mitten im Sturm auf dem Boot schlafen konnte), aber es geht um eine Wachsamkeit, die die Zeichen der Zeit zu erkennen vermag.

«Habet acht und wachet!
Denn ihr wißt nicht, wann die verfügte Zeit da ist»
(Mk 13,33).

Der Prinz im Perlenlied verfällt der Schläfrigkeit und Müdigkeit durch seine Anpassung an seine Umgebung. Er vergißt seine eigentliche Botschaft, seine hohe Herkunft, sein Ziel. Er will nicht mehr auffallen, sich nicht mehr von den anderen unterscheiden. Aus diesem «Schlaf» kann er sich offenbar aus eigener Kraft nicht mehr erheben. Ein Bote muß kommen, ihn aufwecken und ihm seine Herkunft und seine Berufung wieder in Erinnerung bringen.

In den kleinen journalistischen Schriften Heinrich von Kleists findet sich ein Text, der «Gebet des Zoroaster» heißt. Der Beter spricht davon, daß der Mensch, der doch mit so hohen Kräften begabt ist, «auf verwundernswerte und unbegreifliche Weise in Ketten und Banden liegt; das Höchste, von Irrtum geblendet, läßt er zur Seite liegen und wandelt, wie mit Blindheit geschlagen, unter Jämmerlichkeiten und Nichtigkeiten umher.» Es wäre schlimm um den Menschen bestellt, wenn nicht der Vater im Himmel manchmal bewirken würde, daß es einem seiner Berufenen wie Schuppen von den Augen fällt. «Ihn rüstest du mit dem Köcher der Rede, daß er, furchtlos und liebreich, mitten unter sie trete und sie mit Pfeilen, bald schärfer, bald leiser, aus der wunderlichen Schlafsucht, in welcher sie befangen liegen, wecke.»[33] Die Aufgabe des Propheten wird hier darin gesehen, die geblendeten Menschen aus ihrer «wunderlichen Schlafsucht» herauszuholen, damit sie ihre Berufung erkennen und sich auf ihren Weg begeben.

In der antiken Mythologie und Symbolsprache ist der Adler ein königliches Tier, das dem Licht und der Sonne zugeordnet wird. Er gilt als Beherrscher der Luftregion; seine scharfen Augen nehmen wahr, was auf der Erde geschieht; seine Schnelligkeit gibt ihm die Fähigkeit, überall einzugreifen, seine Kraft macht ihn nahezu unbesiegbar. Die Schärfe seiner Augen bestimmt ihn auch zum Orakeltier, das Künftiges erkennt.

Die biblischen Schriftsteller greifen gerne auf das Bild vom Adler zurück, wenn sie Gottes Handeln veranschaulichen wollen; vor allem Gottes Obhut und Fürsorge wird mit dem starken Flügelschlag des Adlers, der seine Jungen schützt, in Verbindung gebracht.

> *«Gott hütete Jakob wie seinen Augenstern, wie der Adler, der sein Nest beschützt und über seinen Jungen schwebt, der seine Schwingen ausbreitet, ein Junges ergreift und es flügelschlagend davonträgt» (Dt 32,11).*

Und wie dem Vogel Phönix wird dem Adler eine Verjüngungsgabe zugeschrieben; nach einem langen Leben gewinnt er neue Anfangskraft. Der Psalmist kann singen:

> *«Gott sättigt dich dein Leben lang mit seinen Gaben; wie dem Adler wird dir die Jugend erneuert» (Ps 103,5).*

Zu Gott kann man sich wie zu einem starken Adler flüchten, der für alle die Platz hat, die sich zu ihm halten:

> «*Ich flüchte mich zu dir, im Schatten deiner Flügel finde ich Zuflucht, bis das Unheil vorübergeht*» (*Ps 57,2*).

In der frühchristlichen Theologie und Frömmigkeit wird aber auch Jesus mit dem Adler verglichen, der sich aus der Tiefe (des Todes) erhebt und zum Vater zurückkehrt. Anastasius Sinaita, ein ostkirchlicher Theologe, schreibt:

> «*Aufspringend vom Todesschlaf, wird er gleich dem Adler – ein König, in den Himmel aufgenommen.*»[34]

In einem außerkanonischen jüdischen Überlieferungsfragment, den «Worten Baruchs», ist der Adler ein Bote und Repräsentant der göttlichen Herrschaft, er tritt mit ähnlicher Vollmacht auf wie im Perlenlied. Es heißt da:

> «*Du ... bist der aus allen Himmelsvögeln Auserwählte, man sieht dies an dem Glanze deiner Augen.*»[35]

Dieser Adler ist ausersehen, einen Brief mit einer göttlichen Botschaft an Jeremia zu überbringen, der in Babylon weilt. Zu seiner und des Jeremia Legitimation läßt er sich auf einen Leichnam nieder und erweckt diesen zu neuem Leben. So läßt sich Gott in seinem Adler hören und sehen, und er wirkt neues Leben durch ihn.

Ein Nachhall davon findet sich übrigens noch in

einem Gedicht von Friedrich Schiller, wenn auch nur noch als mythisches «Zitat»:

> *«Wem er geneigt, dem sendet der Vater der Menschen und Götter Seinen Adler herab, trägt ihn zu himmlischen Höhn.»*[36]

Diese zahlreichen Bezüge muß man bedenken, wenn im Perlenlied der Adler auftaucht. Er ist der Bote und Bevollmächtigte des Vaters, er ist der Brief, den er nicht nur transportiert, sondern dem er Stimme gibt, er ist machtvoller Weckruf und Spender neuer Anfangskraft. Und er ist wohl auch der «Psychopompos», der Seelengeleiter, der den Sohn wieder in seine Heimat zurückführt.

Thomas-Evangelium[37]

Dies sind die verborgenen Worte, die Jesus der Lebendige sprach, und es schrieb sie auf Didymos Judas Thomas und sagte:

1. Wer die Bedeutung dieser Worte findet, wird den Tod nicht schmecken. Joh 8,51

2. Jesus sprach: Nicht aufhören mit seiner Suche soll der, welcher sucht, bis er findet. Und wenn er findet, wird er verwirrt sein, und wenn er verwirrt ist, wird er sich wundern, und er wird Herr sein über das All. Mt 7,7–8 par

3. Jesus sprach: Wenn die, die euch (ver)führen, zu euch sagen: Siehe, das Königreich ist im Himmel, so werden die Vögel des Himmels vor euch dort sein. Wenn sie euch sagen: es ist im Meer, so werden die Fische euch zuvorkommen. Inwendig in euch ist das Königreich und außerhalb von euch. Wenn ihr euch erkennt, dann werdet ihr erkannt werden, und ihr wer- Röm 10,6–8 Lk 17,21

det wissen, daß ihr die Söhne des lebendigen Vaters seid. Wenn ihr euch aber nicht erkennt, dann seid ihr in Armut, und ihr seid die Armut.

Mt 11,25 par
Mt 19,30 parr
4. Jesus sprach: Der alte Mann in seinen Tagen wird nicht zögern, ein kleines Kind von sieben Tagen zu fragen, wo der Ort des Lebens sei, und er wird leben. Denn viele Erste werden Letzte werden, und sie werden ein einziger sein.

Mk 4,22 parr
5. Jesus sprach: Erkenne, was dir vor Augen ist; und was dir verborgen ist, wird sich dir enthüllen. Denn es gibt nichts Verborgenes, das nicht offenbar werden soll.

Mt 6,1–18
Eph 4,25
Mt 7,12 par
Mk 4,22 parr
6. Seine Jünger fragten ihn und sprachen zu ihm: Willst du, daß wir fasten? Und auf welche Weise sollen wir beten und Almosen geben? Und welche Speisevorschriften sollen wir einhalten? Jesus sprach: Lügt nicht! Und tut nicht, was euch verhaßt ist! Denn alles ist offenbar vor dem Himmel. Denn es gibt nichts Verborgenes, das nicht enthüllt wird, und nichts Verdecktes, das nicht aufgedeckt werden soll.

7. Jesus sprach: Selig ist der Löwe, den der Mensch essen wird, so daß der Löwe Mensch wird; und verabscheuungswürdig der Mensch, den der Löwe fressen wird, so daß der Mensch Löwe wird.

Mt 13,47–50
Mk 4,9 parr
8. Und er sprach: Der Mensch gleicht einem einsichtigen Fischer, der sein Netz ins Meer warf. Er zog es heraus aus dem Meer, voll von kleinen Fischen. Mitten unter ihnen fand der einsichtige Fischer einen großen guten Fisch. Da warf er alle kleinen Fische wieder ins

Meer zurück und wählte ohne Zögern den großen Fisch. Wer Ohren hat zu hören, der höre!

9. Jesus sprach: Siehe, der Sämann zog aus. Er füllte seine Hand und warf den Samen aus. Einiges fiel auf den Weg. Vögel kamen und pickten es auf. Anderes fiel auf den Fels und konnte keine Wurzeln in die Erde treiben und keine Ähren zum Himmel schicken. Und anderes fiel auf die Dornen. Die erstickten den Samen, und der Wurm fraß ihn. Und anderes fiel auf das gute Land, und es brachte gute Frucht hervor. Es brachte sechzig- und hundertzwanzigfach Frucht. Mk 4,3–8 parr

10. Jesus sprach: Ich habe Feuer auf die Welt geworfen, und siehe, ich hüte es, bis sie brennt. Lk 12,49

11. Jesus sprach: Dieser Himmel wird vergehen, und der Himmel über ihm wird vergehen. Und die Toten leben nicht, und die Lebenden werden nicht sterben. Als ihr Totes gegessen habt, habt ihr es lebendig gemacht. Wenn ihr ins Licht kommt, was werdet ihr tun? Als ihr einer waret, wurdet ihr zwei. Wenn ihr aber zwei geworden seid, was werdet ihr tun? Mk 13,31 parr

12. Die Jünger sprachen zu Jesus: Wir wissen, daß du von uns gehen wirst. Wer wird (dann) groß sein über uns? Jesus sprach zu ihnen: An dem Ort, zu dem ihr (dann) gekommen seid, werdet ihr zu Jakobus dem Gerechten gehen, um dessentwillen der Himmel und die Erde geworden sind.

13. Jesus sprach zu seinen Jüngern: Vergleicht mich und sagt mir, wem ich gleiche. Simon Petrus sagte zu Mk 8,27–30 parr

ihm: Du gleichst einem gerechten Engel. Matthäus sagte zu ihm: Du gleichst einem weisen, einsichtigen Menschen. Thomas sagte zu ihm: Meister, mein Mund kann es ganz und gar nicht ertragen zu sagen, wem du gleichst. Jesus sprach: Ich bin nicht dein Meister; du hast ja getrunken und dich berauscht an der sprudelnden Quelle, die ich ausgemessen habe. Und er nahm ihn, zog sich mit ihm zurück und sagte ihm drei Worte. Als Thomas aber zu seinen Gefährten kam, fragten sie ihn: Was hat Jesus dir gesagt? Thomas antwortete ihnen: Wenn ich euch eins der Worte sage, die er mir gesagt hat, werdet ihr Steine nehmen und auf mich werfen, und Feuer wird aus den Steinen schlagen und euch verbrennen.

Lk 10,8–9
Mk 7,15 par

14. Jesus sprach zu ihnen: Wenn ihr fastet, werdet ihr euch Sünde erzeugen. Und wenn ihr betet, werdet ihr verurteilt werden. Und wenn ihr Almosen gebt, werdet ihr eurem Geist schaden. Und wenn ihr in irgendein Land geht und in den Gegenden herumwandert und man euch aufnimmt, dann eßt, was man euch vorsetzt. Und die Kranken unter ihnen heilt. Denn was in euern Mund hineingeht, wird euch nicht unrein machen. Aber was aus eurem Munde herauskommt, das ist es, was euch unrein macht.

15. Jesus sprach: Wenn ihr den seht, der nicht vom Weibe geboren ist, werft euch nieder auf euer Angesicht und betet ihn an! Jener ist euer Vater.

Lk 12,49.51–53
par

16. Jesus sprach: Vielleicht denken die Menschen, daß ich gekommen bin, Frieden auf die Welt zu bringen;

und sie wissen nicht, daß ich kam, Zerwürfnisse auf die Erde zu bringen: Feuer, Schwert, Krieg. Denn wenn fünf in einem Haus sind, dann werden drei gegen zwei sein und zwei gegen drei; der Vater gegen den Sohn und der Sohn gegen den Vater; und sie werden dastehen als Einsame.

17. Jesus sprach: Ich werde euch geben, was kein Auge gesehen und kein Ohr gehört und keine Hand berührt hat und was in keines Menschen Sinn gekommen ist. 1 Kor 2,9

18. Die Jünger sagten zu Jesus: Sage uns: Wie wird unser Ende sein? Jesus antwortete: Habt ihr denn schon den Anfang aufgedeckt, daß ihr nach dem Ende fragt? Wo der Anfang ist, da wird auch das Ende sein. Selig ist, wer im Anfang steht. Er wird auch das Ende erkennen und den Tod nicht schmecken.

19. Jesus sprach: Selig ist, wer war, bevor er wurde. Wenn ihr meine Jünger werdet und meine Worte hört, werden diese Steine euch dienen. Denn ihr habt fünf Bäume im Paradies, die sich nicht bewegen im Sommer und im Winter und deren Blätter nicht abfallen. Wer sie erkennt, wird den Tod nicht schmecken.

20. Die Jünger sagten zu Jesus: Sage uns, wem ist das Königreich der Himmel gleich? Er sprach zu ihnen: Es ist einem Senfkorn gleich; kleiner ist es als alle Samen. Wenn es aber auf die Erde fällt, die man bearbeitet, treibt es einen großen Sproß und wird zum Schutz für die Vögel des Himmels. Mk 4,30–32 parr

21. Maria sagte zu Jesus: Wem gleichen deine Jünger? Er sprach: Sie gleichen kleinen Kindern, die sich auf

einem Feld niedergelassen haben, das ihnen nicht gehört. Wenn die Herren des Feldes kommen, werden sie sagen: Überlaßt uns unser Feld! Die Kinder ziehen sich vor ihnen aus, daß sie es ihnen lassen und ihnen ihr Feld geben.

Mk 3,27 parr
Lk 12,39–40 par
Mk 4,29
Mk 4,9 parr
Darum sage ich: Wenn der Hausherr weiß, daß der Dieb kommt, wird er wachen, bevor er kommt, und ihn nicht eindringen lassen in das Haus seines Reiches, daß er seine Sachen wegtrage. Ihr aber wacht vor der Welt! Gürtet eure Hüften mit großer Kraft, damit die Räuber keinen Weg finden, zu euch zu kommen. Denn der Nutzen, den ihr erwartet, wird gefunden werden. Möge in eurer Mitte ein verständiger Mensch sein! Als die Frucht reif wurde, kam er in Eile mit seiner Sichel in seiner Hand und mähte sie ab. Wer Ohren hat zu hören, der höre!

Mt 18,1–3
Mk 10,13–16
parr
Gal 3,28
Eph 2,14–16
22. Jesus sah kleine (Kinder), die gestillt wurden. Er sprach zu seinen Jüngern: Diese Kinder, die saugen, gleichen denen, die eingehen ins Königreich. Sie sagten zu ihm: Werden wir, wenn wir klein sind, ins Königreich eingehen? Jesus antwortete ihnen: Wenn ihr die zwei zu einem macht, und wenn ihr das Innere wie das Äußere macht und das Äußere wie das Innere und das Obere wie das Untere, und wenn ihr das Männliche und das Weibliche zu einem Einzigen macht, damit das Männliche nicht (mehr) männlich und das Weibliche nicht (mehr) weiblich ist, wenn ihr Augen an Stelle eines Auges macht und eine Hand an Stelle einer Hand und einen Fuß an Stelle eines Fußes, ein Bild an Stelle eines Bildes, dann werdet ihr eingehen in das Reich.

23. Jesus sprach: Ich werde euch auswählen, einen aus Mt 22,14 tausend und zwei aus zehntausend, und sie werden dastehen als ein einziger.

24. Seine Jünger sagten: Zeige uns den Ort, an dem du Joh 14,4–5 bist. Denn es ist nötig für uns, daß wir danach suchen. Mk 4,9 parr
Mt 6,22–23 par Er sprach zu ihnen: Wer Ohren hat, der höre! Licht ist im Innern eines Lichtmenschen, und er leuchtet der ganzen Welt. Wenn er nicht leuchtet, ist Finsternis.

25. Jesus sprach: Liebe deinen Bruder wie deine Seele! Joh 13,34–35;
15,12–13 Hüte ihn wie deinen Augapfel!

26. Jesus sprach: Den Splitter im Auge deines Bruders Mt 7,3–5 par siehst du, den Balken aber in deinem Auge siehst du nicht. Wenn du den Balken aus deinem Auge herausziehst, dann wirst du genug sehen, um auch den Splitter aus dem Auge deines Bruders herausziehen zu können.

27. Wenn ihr nicht der Welt gegenüber fastet, werdet ihr das Königreich nicht finden. Wenn ihr nicht den Sabbat zum Sabbat macht, werdet ihr den Vater nicht sehen.

28. Jesus sprach: Ich stand mitten in der Welt und 1 Tim 3,16 offenbarte mich ihnen im Fleisch. Ich fand sie alle trunken. Keinen fand ich unter ihnen durstig, und meine Seele litt Schmerzen über die Söhne der Menschen. Blind sind sie in ihren Herzen und können nicht sehen. Leer sind sie in die Welt gekommen, leer wollen sie auch wieder aus der Welt herausgehen. Jetzt sind sie zwar trunken, doch wenn sie ihren Wein abschütteln, werden sie sich bekehren.

29. Jesus sprach: Wenn das Fleisch entstanden ist wegen des Geistes, ist es ein Wunder. Wenn aber der Geist entstanden ist wegen des Leibes, ist es ein Wunder der Wunder. – Ich aber wundere mich darüber, wie dieser große Reichtum sich niederlassen konnte in dieser Armut.

Mt 18,20   30. Jesus sprach: Wo drei Götter sind, sind es Götter. Wo aber zwei sind oder einer: da bin ich bei ihm.

Mk 6,4 parr   31. Jesus sprach: Kein Prophet ist angesehen in seinem
Joh 4,44   Dorf. Kein Arzt heilt die, die ihn kennen.

Mt 5,14   32. Jesus sprach: Eine Stadt, auf hohem Berg erbaut und befestigt, kann nicht fallen, auch kann sie nicht verborgen bleiben.

Mt 10,27 par   33. Jesus sprach: Was du hörst mit deinem Ohr, das
Mk 4,21 parr   predige auf euren Dächern! Denn niemand zündet eine Lampe an und stellt sie unter den Scheffel oder an einen versteckten Ort, er stellt sie vielmehr auf den Leuchter, damit alle, die hineingehen und herauskommen, ihr Licht sehen.

Mt 15,14 par   34. Jesus sprach: Wenn ein Blinder einen Blinden führt, fallen sie beide in eine Grube.

Mk 3,27 parr   35. Jesus sprach: In das Haus des Starken kann niemand eindringen und es gewaltsam in Besitz nehmen, es sei denn, er bindet dessen Hände. Dann aber wird er sein Haus ausräumen.

Mt 6,25.31 parr   36. Jesus sprach: Sorgt euch nicht vom Morgen bis zum Abend und vom Abend bis zum Morgen, was ihr anziehen werdet!

37. Seine Jünger sagten: Wann wirst du uns erscheinen und wann werden wir dich sehen? Jesus antwortete: Wenn ihr euch nicht mehr schämt und eure Kleider nehmt und sie unter eure Füße legt wie die kleinen Kinder und darauf tretet. Dann werdet ihr den Sohn des Lebendigen sehen, und ihr werdet ohne Furcht sein.

38. Jesus sprach: Viele Male habt ihr Verlangen ge- Joh 7,34
habt, diese Worte zu hören, die ich zu euch rede. Und ihr habt keinen anderen, von dem ihr sie hören könnt. Es werden Tage kommen, da werdet ihr mich suchen und mich nicht finden.

39. Jesus sprach: Die Pharisäer und Schriftgelehrten Mt 23,13
haben die Schlüssel der Erkenntnis empfangen, sie aber par
Mt 10,16
versteckt. Sie sind selbst nicht eingetreten, haben aber auch die nicht eintreten lassen, die hineingehen wollten. Ihr aber werdet klug wie die Schlangen und ohne Falsch wie die Tauben!

40. Jesus sprach: Ein Weinstock wurde gepflanzt au- Mt 15,13
ßerhalb des Vaters. Und da er keine Kraft hat, wird er mitsamt seinen Wurzeln ausgerissen und zugrundege-hen.

41. Jesus sprach: Wer in seiner Hand etwas hat, dem Mk 4,25
wird gegeben werden. Und wer nichts hat, dem wird parr
auch das Wenige, das er hat, genommen werden.

42. Jesus sprach: Werdet Vorübergehende!

43. Seine Jünger sagten zu ihm: Wer bist du, daß du uns dies sagst? Jesus antwortete: Aus dem, was ich sage, erkennt ihr nicht, wer ich bin. Ja, ihr seid den Juden

gleich geworden, denn sie lieben den Baum und hassen seine Frucht; sie lieben die Frucht und hassen den Baum.

Mk 3,28–29 parr

44. Jesus sprach: Wer den Vater lästert, dem wird vergeben werden. Und wer den Sohn lästert, dem wird vergeben werden. Wer aber den Heiligen Geist lästert, dem wird nicht vergeben werden, weder auf Erden noch im Himmel.

Lk 6,44–45 parr

45. Jesus sprach: Von Dornsträuchern sammelt man keine Trauben und von Kameldisteln pflückt man keine Feigen. Sie tragen keine Frucht. Ein guter Mensch holt Gutes hervor aus seinem Schatz. Ein böser Mensch kann nur Böses aus seinem üblen Schatz in seinem Herzen holen, und er sagt Böses, denn aus dem Überfluß des Herzens bringt er Böses hervor.

Mt 11,11 par

46. Jesus sprach: Von Adam bis zu Johannes dem Täufer gibt es keinen unter den von Frauen Geborenen, der höher stünde als der Täufer Johannes, so daß seine Augen nicht brechen. Aber ich habe gesagt: wer unter euch klein werden wird, der wird das Königreich erkennen und größer sein als Johannes.

Mt 6,24 par
Lk 5,36–39 parr

47. Jesus sprach: Kein Mensch kann zugleich auf zwei Pferden reiten und zwei Bogen spannen. Ein Knecht kann auch nicht zwei Herren dienen, oder er wird den einen ehren und den anderen beleidigen. Niemand trinkt alten Wein und verlangt sofort neuen Wein zu trinken. Auch schüttet keiner neuen Wein in alte Schläuche, damit sie nicht zerreißen, man schüttet aber auch alten Wein nicht in einen neuen Schlauch, damit

er nicht verdirbt. Ein alter Lappen wird nicht auf ein neues Kleid genäht, es würde sonst ein Riß entstehen.

48. Jesus sprach: Wenn zwei Frieden machen im glei- Mk 11,23 parr chen Hause, dann werden sie zum Berge sagen: Hebe dich hinweg! Und er wird sich hinwegheben.

49. Jesus sprach: Selig die Einsamen und die Erwähl- ten. Denn ihr werdet das Königreich finden. Ihr stammt ja aus ihm und werdet wieder dorthin heimkehren.

50. Jesus sprach: Wenn man euch fragt: «Woher seid ihr gekommen?», antwortet ihnen: «Wir kamen aus dem Licht; wir kamen von dem Ort, wo das Licht aus sich selbst entstanden ist. Es entstand und es offenbarte sich in ihrem Bilde.» Wenn man euch fragt: «Wer seid ihr?», so antwortet: «Wir sind seine Söhne und wir sind die Erwählten des lebendigen Vaters.» Wenn man euch fragt: «Was ist das Zeichen eures Vaters an euch?», so antwortet ihnen: «Es ist Bewegung und Ruhe.»

51. Seine Jünger sagten zu ihm: An welchem Tage wird die Ruhe der Toten kommen? Und an welchem Tage kommt die neue Welt? Er sprach zu ihnen: Die, auf die ihr wartet, ist schon gekommen, aber ihr habt sie nicht erkannt.

52. Seine Jünger sagten zu ihm: Vierundzwanzig Pro- Joh 5,39–40 pheten sprachen in Israel, und alle sprachen in dir. Er sprach zu ihnen: Ihr habt den verlassen, der lebendig vor euch steht, und von den Toten gesprochen.

53. Seine Jünger sagten zu ihm: Ist die Beschneidung Röm 2,25.29 nützlich oder nicht? Er antwortete: Wäre sie nützlich,

dann würde ihr Vater sie beschnitten von ihrer Mutter zeugen. Aber die wahre Beschneidung im Geist hat vollen Nutzen gefunden.

Lk 6,20 par 54. Jesus sprach: Selig die Armen! Denn euch gehört das Königreich der Himmel.

Mt 10,37–38 parr 55. Jesus sprach: Wer seinen Vater und seine Mutter nicht haßt, wird nicht mein Jünger sein können. Und wer seine Brüder und seine Schwestern nicht haßt und sein Kreuz nicht trägt wie ich, der wird meiner nicht würdig sein.

56. Jesus sprach: Wer die Welt erkannt hat, der hat einen Leichnam gefunden. Und wer einen Leichnam gefunden hat, dessen ist die Welt nicht wert.

Mt 13,24–30 57. Jesus sprach: Das Königreich des Vaters ist einem Menschen gleich, der guten Samen hat. Sein Feind kam in der Nacht und säte Unkraut unter den guten Samen. Der Mensch ließ seine Knechte das Unkraut nicht herausreißen. Er sagte zu ihnen: Daß ihr nicht hingeht, das Unkraut auszujäten –, ihr reißt mit ihm auch den Weizen aus. Am Tag der Ernte wird das Unkraut offenbar werden. Dann wird man es ausreißen und verbrennen.

58. Jesus sprach: Selig ist der Mensch, der gelitten hat: Er hat das Leben gefunden.

59. Jesus sprach: Schaut nach dem Lebendigen, solange ihr lebt, damit ihr nicht sterbt und ihn dann sehen wollt, ihn aber nicht mehr sehen könnt.

60. Sie sahen einen Samariter nach Judäa hineingehen, der ein Lamm trug. Er sprach zu seinen Jüngern: Wozu

nimmt er das Lamm? Sie antworteten ihm: Er wird es schlachten und verzehren. Er sprach zu ihnen: Solange es lebt, wird er es nicht essen, aber wenn es geschlachtet und ein Leichnam geworden ist, dann wird er es essen. Sie sprachen: Auf andere Weise wird er es nicht machen können. Er sprach zu ihnen: Sucht auch ihr einen Ort für euch zur Ruhe, damit ihr nicht zum Leichnam werdet und man euch verzehrt.

61. Jesus sprach: Zwei werden ruhen auf einem Bett; der eine wird sterben, der andere leben. Lk 17,34 Lk 10,22 par
Salome sagte: Wer bist du, Mensch, wie aus dem Einen? Du hast auf meinem Lager gelegen und von meinem Tisch gegessen.
Jesus sprach zu ihr: Ich stamme von dem her, was gleich ist. Sie gaben mir von dem, was meines Vaters ist.
Salome sagte: Ich bin deine Jüngerin!
Jesus sprach zu ihr: Darum sage ich: Wer gleich ist, wird mit Licht gefüllt sein. Aber wer innerlich geteilt ist, wird mit Finsternis gefüllt sein.

62. Jesus sprach: Ich eröffne meine Geheimnisse denen, die meiner Geheimnisse würdig sind. – Was deine Rechte tut, deine Linke soll nicht wissen, was sie tut. Mk 4,11 parr

63. Jesus sprach: Ein reicher Mann hatte viel Vermögen. Er sagte: Ich werde mein Vermögen verwenden, um zu säen und zu ernten, zu pflanzen und meine Scheunen mit Früchten zu füllen, damit ich an nichts Mangel leide. Das ist es, was er in seinem Herzen bedachte. Und in jener Nacht starb er. Wer Ohren hat, der höre! Lk 12,16–21 Mk 4,9 parr

Lk 14,
16–24
par 64. Jesus sprach: Ein Mann hatte Gäste, und als er das abendliche Mahl bereitet hatte, sandte er seinen Knecht aus, der sollte die Gäste rufen.

Er kam zu dem ersten und sagte zu ihm: Mein Herr ruft dich. Der aber sagte: Kaufleute schulden mir Geld. Sie kommen zu mir am Abend. Ich muß gehen und ihnen Anweisungen geben. Ich sage das Abendessen ab. Er ging zu einem anderen und sagte zu ihm: Mein Herr hat dich eingeladen. Der aber antwortete ihm: Ich habe ein Haus gekauft, man bittet mich für einen Tag. Ich werde keine Muße haben. Er kam zu einem anderen und sagte zu ihm: Mein Herr läßt dich rufen. Der sprach zu ihm: Mein Freund feiert Hochzeit, und ich muß ihm das Festmahl bereiten. Ich kann deshalb nicht kommen, ich entschuldige mich für das Mahl. Er ging zu einem anderen und sagte zu ihm: Mein Herr ruft dich. Der antwortete ihm: Ich habe ein Gut gekauft, ich muß hineingehen und die Pacht abholen. Ich werde nicht kommen können.

Der Knecht ging und berichtete seinem Herrn: Die du zum Mahl geladen hast, lassen sich entschuldigen. Der Herr sagte zu seinem Knecht: Geh hinaus auf die Straßen. Bringe, die du findest, damit sie das Abendessen einnehmen. Die Käufer und Händler werden nicht hineingehen zu den Orten meines Vaters.

Mk
12,1–8
parr
Mk 4,9 65. Er sprach: Ein gütiger Mann besaß einen Weinberg, er überließ ihn Bauern, die sollten ihn bearbeiten, damit er von ihnen seine Frucht erhalte. Er sandte seinen Knecht, damit ihm die Bauern die Frucht des Weinbergs gäben. Sie ergriffen seinen Knecht und

schlugen ihn, beinahe hätten sie ihn getötet. Als der
Knecht zurückkam und seinem Herrn berichtet hatte,
sagte der: Vielleicht haben sie ihn nicht erkannt. Deshalb sandte er einen anderen Knecht. Aber auch den
schlugen die Weinbauern. Da sandte der Herr seinen
Sohn; er sagte: Vor meinem Sohn werden sie doch wohl
Achtung haben. Die Bauern aber wußten, daß er der
Erbe des Weinbergs war; deshalb ergriffen sie ihn und
töteten ihn. Wer Ohren hat, der höre!

66. Jesus sprach: Zeigt mir den Stein, den die Bauleute Mk 12,10 parr
verworfen haben! Er ist der Eckstein. 1. Petr. 2,4–6

67. Jesus sprach: Wer das All erkennt, sich selbst aber Mk 8,36 parr
verfehlt, der verfehlt das Ganze.

68. Jesus sprach: Selig seid ihr, wenn sie euch hassen Lk 6,22 par
und euch verfolgen! Und dort, wo sie euch verfolgten,
werden sie keinen Platz finden.

69. Jesus sprach: Selig sind, die verfolgt wurden in Mt 5,10
ihrem Herzen! Sie haben den Vater in Wahrheit er- Lk 6,21 par
kannt. Selig sind die Hungernden, denn man wird den
Leib dessen sättigen, der es wünscht.

70. Jesus sprach: Wenn ihr das in euch erzeugt, wird
das, was ihr habt, euch erretten. Wenn ihr das nicht in
euch habt, wird das, was ihr nicht habt, euch töten.

71. Jesus sprach: Ich werde dieses Haus zerstören, und
niemand wird es wieder aufbauen können.

72. Ein Mann sagte zu ihm: Sage meinen Brüdern, daß Lk 12,13–14
sie das Erbe meines Vaters mit mir teilen! Er aber

sprach zu ihm: Mann, wer hat mich zum Erbteiler gemacht? Er wandte sich seinen Jüngern zu und sagte zu ihnen: Bin ich denn ein Teiler?

Lk 10,2 par 73. Jesus sprach: Die Ernte ist zwar groß, es sind aber nur wenige Arbeiter. Bittet den Herrn, daß er Arbeiter aussende zur Ernte!

74. Er sprach: Herr, es sind viele um den Brunnen herum, aber es ist keiner am Brunnen.

75. Jesus sprach: Viele stehen vor der Tür, aber (nur) die Einsamen werden ins Brautgemach eintreten.

Mt 13,45–46
Mt 6,19–20 par 76. Jesus sprach: Das Königreich des Vaters gleicht einem Kaufmann, der eine Warenladung hatte und eine Perle fand. Der kluge Kaufmann verkaufte die Warenladung; er kaufte sich einzig die Perle. Sucht auch ihr nach einem unvergänglichen Schatz, der bleibt; sucht nach dem Ort, wohin keine Motte kommt, um zu fressen, und wo kein Wurm zerstört.

Joh 8,12
Röm 11,36
1 Kor 8,6 77. Jesus sprach: Ich bin das Licht, das über allen ist. Ich bin das All. Das All ist aus mir hervorgegangen, und das All ist zu mir gelangt. Spaltet ein Holz: ich bin da. Hebt den Stein auf, und ihr werdet mich dort finden.

Mt 11,7–8 78. Jesus sprach: Weshalb seid ihr hinausgegangen aufs Feld? Wolltet ihr ein Rohr sehen, das vom Wind bewegt wird? Wolltet ihr einen Menschen sehen, der weiche Kleider trägt? Schaut eure Könige und eure Vornehmen an! Sie tragen weiche Kleider. Aber die Wahrheit werden sie nicht erkennen können.

79. Eine Frau aus der Menge sagte zu ihm: Selig der Lk 11,27–28 Leib, der dich getragen, und die Brüste, die dich gestillt Lk 23,29
Mk 13,17 parr haben! Er sprach zu ihr: Selig, die das Wort des Vaters gehört und es in Wahrheit bewahrt haben! Denn es werden Tage kommen, da werdet ihr sagen: Selig der Leib, der nicht empfangen und selig die Brüste, die nicht gestillt haben!

80. Jesus sprach: Wer die Welt erkannt hat, hat den Leib gefunden. Wer aber den Leib gefunden hat: die Welt ist seiner nicht wert.

81. Jesus sprach: Wer reich geworden ist, soll König werden, und wer Macht hat, soll darauf verzichten!

82. Jesus sprach: Wer mir nahe ist, ist dem Feuer nah. Und wer mir fern ist, ist dem Königreich fern.

83. Jesus sprach: Die Bilder sind dem Menschen offenbar, aber das Licht in ihnen ist verborgen. Im Bilde des Lichtes des Vaters wird es offenbar werden, und sein Bild ist verborgen durch sein Licht.

84. Jesus sprach: Heute, da ihr euer Ebenbild seht, freut ihr euch. Wenn ihr aber eure Bilder seht, die vor euch geworden sind (sie sterben nicht noch werden sie offenbar), wieviel werdet ihr ertragen?

85. Jesus sprach: Adam ist aus einer großen Kraft und einem großen Reichtum entstanden. Und doch war er euer nicht würdig. Wäre er nämlich würdig gewesen, er hätte den Tod nicht geschmeckt.

86. Jesus sprach: Die Füchse haben ihre Höhlen, und Mt 8,20 par die Vögel haben ihr Nest. Der Sohn des Menschen aber

hat keinen Ort, um sein Haupt hinzulegen und sich auszuruhen.

87. Jesus sprach: Armselig ist der Leib, der an einem Leibe hängt. Und armselig ist die Seele, die an diesen beiden hängt.

88. Jesus sprach: Die Engel und die Propheten werden zu euch kommen, und sie werden euch geben, was euch gehört. Gebt auch ihr ihnen, was in euren Händen ist! Und fragt euch: Wann werden sie kommen, das Ihre zu empfangen?

Mt 23,26 par 89. Jesus sprach: Warum wascht ihr die Außenseite des Bechers? Begreift ihr nicht: wer die Innenseite geschaffen, der schuf auch die Außenseite?

Mt 11,28–30 90. Jesus sprach: Kommt zu mir, denn mein Joch ist sanft, und meine Herrschaft ist mild, und ihr werdet Ruhe finden für euch.

Lk 12,56 par 91. Sie sagten zu ihm: Sage uns, wer du bist, damit wir an dich glauben! Er sprach zu ihnen: Ihr prüft das Antlitz des Himmels und der Erde. Aber den, der vor euch steht, habt ihr nicht erkannt. Und diesen Augenblick vermögt ihr nicht zu prüfen.

Mt 7,7–8 par 92. Jesus sprach: Sucht, und ihr werdet finden. Was ihr mich aber dieser Tage gefragt habt, habe ich euch da nicht beantwortet. Jetzt will ich es sagen, aber ihr fragt nicht danach.

Mt 7,6 93. Jesus sprach: Gebt das Heilige nicht den Hunden, damit sie es nicht auf den Mist werfen! Werft die Perlen nicht den Schweinen vor, damit sie sie nicht zunichte machen!

94. Jesus sprach: Wer sucht, der wird finden, und wer anklopft, dem wird man öffnen. Mt 7,8 par

95. Jesus sprach: Wenn ihr Geld habt, leiht nicht auf Zinsen, sondern gebt dem, von dem ihr es nicht zurückerhalten werdet. Lk 6,34-35

96. Jesus sprach: Das Königreich des Vaters gleicht einer Frau, die ein wenig Sauerteig nahm und ihn unter Mehl mengte: so machte sie große Brote daraus. Wer Ohren hat, der höre! Mt 13,33 par Mk 4,9 parr

97. Jesus sprach: Das Königreich des Vaters gleicht einer Frau, die einen Topf voller Mehl trägt und einen weiten Weg zu gehen hat. Der Henkel des Topfes zerbrach und das Mehl rieselte hinter ihr auf den Weg, ohne daß sie es merkte. Sie wußte nichts von ihrem Mißgeschick. Zu Hause angelangt, setzte sie den Topf ab und fand ihn leer.

98. Jesus sprach: Das Königreich des Vaters gleicht einem Mann, der einen Mächtigen töten wollte. Bei sich zu Hause zog er das Schwert aus der Scheide und durchbohrte die Wand, um zu erkennen, ob seine Hand stark genug sein werde. Dann tötete er den Mächtigen.

99. Die Jünger sagten zu ihm: Deine Brüder und deine Mutter stehen draußen. Er sprach zu ihnen: Die Menschen dieser Orte, die den Willen meines Vaters tun, das sind meine Brüder und meine Mutter. Sie sind es, die in das Königreich meines Vaters eingehen werden. Mk 3,32-35

Mk 12,13–17 parr 100. Sie zeigten Jesus ein Goldstück und sagten zu ihm: Die Kaiserlichen fordern von uns die Steuern. Er sprach zu ihnen: Gebt dem Kaiser, was dem Kaiser gebührt! Und gebt Gott, was Gott gebührt! Und was mein ist, das gebt mir!

Mt 10,37 par 101. Jesus sprach: Wer seinen Vater und seine Mutter nicht haßt wie ich, wird nicht mein Jünger sein können. Und wer seinen Vater und seine Mutter nicht liebt wie ich, wird nicht mein Jünger sein können. Denn meine Mutter... meine wahre Mutter gab mir das Leben.

102. Jesus sprach: Wehe ihnen, den Pharisäern! Sie gleichen einem Hund, der auf der Krippe der Rinder liegt. Weder frißt er noch läßt er die Rinder fressen.

Lk 12,39 par
Lk 12,35 103. Jesus sprach: Selig der Mann, der weiß, an welcher Stelle die Räuber einbrechen, damit er aufsteht, seine Kräfte sammelt und seine Hüfte gürtet, bevor sie hereinkommen.

Mk 2,18–20 parr 104. Sie sagten zu ihm: Komm, wir wollen heute beten und fasten! Jesus sprach: Welche Sünde habe ich denn getan oder worin haben sie mich besiegt? Vielmehr, wenn der Bräutigam heraustritt aus dem Brautgemach, dann mögen sie fasten und beten.

105. Jesus sprach: Wer Vater und Mutter kennt, den wird man einen Hurensohn nennen.

106. Jesus sprach: Wenn ihr die zwei zu einem macht, werdet ihr Söhne des Menschen werden. Und wenn ihr sagt: Berg, hebe dich hinweg!, so wird er sich hinwegheben.

107. Jesus sprach: Das Königreich gleicht einem Hir- Lk 15,3–6 par
ten, der hundert Schafe hat. Eins von ihnen – es war das
größte – verirrte sich. Da ließ er die neunundneunzig
und suchte nach diesem einen, bis er es fand. Als er sich
abgemüht hatte, sagte er zu dem Schaf: Ich liebe dich
mehr als die neunundneunzig.

108. Jesus sprach: Wer von meinem Munde trinkt, der
wird wie ich. Und ich selbst werde er werden, und die
Geheimnisse werden sich ihm offenbaren.

109. Jesus sprach: Das Königreich gleicht einem Mt 13,44
Mann, der auf seinem Acker einen verborgenen Schatz
hat, von dem er nichts weiß. Als er starb, hinterließ er
ihn seinem Sohn, der ebenfalls nichts davon wußte. Der
verkaufte den Acker. Der Käufer kam und pflügte und
fand den Schatz. Er begann, Geld für Zinsen zu verleihen, wem er wollte.

110. Jesus sprach: Wer die Welt gefunden hat und reich
wurde, der soll auf die Welt verzichten!

111. Jesus sprach: Die Himmel und die Erde werden
sich vor euch aufrollen, und wer durch den Lebendigen
lebt, der wird den Tod nicht schauen, denn Jesus sagt:
Wer sich selbst findet, dessen ist die Welt nicht wert.

112. Jesus sprach: Wehe dem Fleisch, das an der Seele
hängt! Wehe der Seele, die am Fleische hängt.

113. Seine Jünger sagten zu ihm: An welchem Tage Lk 17,20–21
kommt das Königreich? Er sprach: Es kommt nicht,
wenn man es erwartet. Man wird nicht sagen: Siehe,
jetzt ist es hier, oder: siehe, dort! Sondern das König-

reich des Vaters ist über die Erde ausgebreitet, und die Menschen sehen es nicht.

114. Simon Petrus sagte zu ihm: Maria soll von uns weggehen! Denn die Frauen sind des Lebens nicht würdig. Jesus sprach: Siehe, ich werde sie führen, daß ich sie zum Mann mache, damit auch sie ein lebendiger Geist wird, der euch Männern gleicht. Denn jede Frau, die sich zum Manne macht, wird eingehen in das Königreich der Himmel.

Das Evangelium nach Thomas

Kommentar

Der Fund

Ägyptische Bauern entdeckten 1945/46 in der Nähe der kleinen Stadt Nag Hamadi, etwa 100 km nordwestlich von Luxor, im Sand des Niltals einen Tonkrug mit 13 ledergebundenen Papyrusbüchern. Auf z. T. verschlungenen Wegen gelangten die Bände dieses sensationellen Fundes nach und nach ins Koptische Museum nach Kairo, einer von ihnen, der heute als Nr. I eingeordnete sogenannte «Kodex Jung», erst 1975, nachdem er als Geburtstagsgeschenk den großen Psychologen C. G. Jung erfreut hatte.[38]

Wie die Auswertung ergab, handelt es sich bei den 13 Kodices in koptischer Sprache wahrscheinlich um Teile einer Klosterbibliothek, die «bei einer Säuberungsaktion wegen ihres häretischen Charakters ausgeschieden und vergraben oder» – eher – «von Interessenten und Anhängern in Sicherheit gebracht» wurden.[39] Hergestellt, d. h. abgeschrieben und gebunden wurden die neuentdeckten Bücher, wie sich mit Sicherheit sagen läßt, um 350 n. Chr.; die Entstehung der in ihnen enthaltenen Schriften und deren Übersetzung in die koptische Sprache ihrer letzten Benutzer ist – z. T. erheblich – früher anzusetzen. «Die 13 Bände enthalten insgesamt 53 einzelne Schriften verschiedenen Inhalts mit 1153 Seiten von ursprünglich etwa 1257 Seiten, d. h. also, fast 90 %

der Bibliothek sind erhalten. Von den 53 Texten... sind 41 bisher völlig unbekannte Schriften, während die übrigen entweder Dubletten in der Bibliothek selbst sind (6) oder anderswo bereits bekannt waren (ebenfalls 6). 10 Traktate sind nur bruchstückhaft erhalten, die anderen 31 aber in gutem, teilweise sogar ausgezeichnetem Zustand.»[40]

Es ist hier nicht der Platz, die koptisch-gnostischen Schriften von Nag Hamadi im einzelnen vorzustellen;[41] einige Buchtitel sollen lediglich einen Eindruck von ihrer literarischen und theologischen Vielfalt vermitteln: «Evangelium der Wahrheit»/«Das Evangelium nach Philippus»/«Ägypterevangelium»/«Das Evangelium nach Thomas»/«Die Taten des Petrus und der 12 Apostel»/«Der Brief an Rheginos» (bzw. «Abhandlung über die Auferstehung») /«Brief des Petrus an Philippus»/«Ein Gebet des Apostels Paulus»/«Offenbarung (Apokalypse) des Paulus/des Jakobus/des Petrus»/«Die Geheimschrift des Johannes»/«Exegese über die Seele»/«Weisheit des Jesus Christus»/«Dialog des Erlösers»/«Buch des (Athleten) Thomas»...

Die Bedeutung des Textfundes von Nag Hamadi ist schwerlich zu überschätzen. Die Erforschung der frühen Kirchengeschichte und insbesondere unsere Kenntnis der später als häretisch ausgeschlossenen christlich-gnostischen Gruppen ist auf eine neue Basis gestellt. Die Originalquellen aus dem Nilsand ermöglichen eine kritische Überprüfung des von den Vätern gezeichneten Bildes der Gnosis und verhelfen zu einer differenzierteren, vertieften Sicht der Anfänge des Christentums. Sie zeigen die Verwobenheit und zugleich auch die Verschiedenheit von Christentum und Gnosis und lassen ein breites Spektrum christlich-gnostischer Denk- und Verhaltensweisen erkennen. Ein gewichtiger Mosaikstein in diesem Bild sind die beiden mit dem Namen des Apostels Thomas verbundenen Schriften aus Nag Hamadi: «Das Buch des (Athleten) Thomas», ein Dialog zwischen Jesus und Thomas vor allem über die Endzeit, und «Das Evangelium nach Thomas», das als Sammlung von Jesus-Worten seit seiner Entdeckung das ganz besondere Interesse nicht nur der Neutestamentler und Kirchenhistoriker gefunden hat – und verdient.

«JESUS SPRACH:...»

Das Thomas-Evangelium ist kein Evangelium wie die Darstellungen der vier neutestamentlichen Evangelisten; es bietet ja keine Erzählung des Weges Jesu von seiner Taufe (bzw. seiner Geburt) bis zu den Passions- und Osterereignissen, sondern eine Sammlung (fast) rahmenloser Jesus-Worte; etwa die Hälfte davon hat nähere oder fernere Parallelen im Neuen Testament, Parallelen allerdings oft in eigener Gestalt; die übrigen sind neu und z.T. fremd – das NT kennt sie nicht. Nun ist die Überlieferung der Worte Jesu sicher älter als die ausgeführte Jesus-Geschichte; auch im Vorfeld der kanonischen Evangelien sind solche Worte oder (wie wir auch sagen können) Logien-Sammlungen erkennbar, vgl. nur Mk 4 oder

Mt 5–7 und die Parallelen dazu! Man hat deshalb aufgrund der literarischen Gestalt des Thomas-Evangeliums und u.a. aufgrund des Materials, das es enthält, postuliert, daß der vorliegende koptische Text eine lange Vorgeschichte gehabt haben muß: seine Wurzeln reichen offensichtlich bis in eine sehr frühe Zeit und in den Raum Palästina-Syriens zurück!

Stationen der Geschichte des Thomas-Evangeliums, das Origenes, Hippolyt und Euseb erwähnen, sind zu benennen:[42]

a) Die aufgefundene Handschrift ist auf ca. 350 n. Chr. zu datieren; manche ihrer Besonderheiten stellen aber unter Beweis, daß sie die Abschrift einer bedeutend älteren koptischen Vorlage ist.

b) Teile des Thomas-Evangeliums waren – ohne daß man es wußte und sie als Stücke eines größeren Ganzen identifiziert hätte – bereits vor dem Fund von Nag Hamadi bekannt, und zwar die auf den Oxyrhynchus Papyri IV 654 (= Th-Ev 1–6), I 1 (= Th-Ev 26–30.77.31–33) und IV 655 (= Th-Ev 36–40) erhaltenen griechischen Texte; sie belegen, daß es eine griechische Fassung des Thomas-Evangeliums gegeben hat, die als Vorstufe der koptischen in das 2. Jahrhundert zu datieren ist.

c) Wer die 114 Worte unseres Thomas-Evangeliums liest, kann leicht feststellen, daß der Text literarisch nicht aus einem Guß, sondern mehrschichtig ist. Besonders auffällig ist eine ganze Reihe von Dubletten, z.B. zwischen Spruch 3.51 und 113; 5 und 6; 48 und 106; 56.80 und 110.

Dubletten (und Doppelüberlieferungen) sind ein sicheres Indiz für die Verarbeitung unterschiedlicher, aber verwandter Vorlagen. Im Verbund mit anderen Beobachtungen hat man aus diesem Befund gefolgert, daß das griechische Thomas-Evangelium Anfang oder Mitte des 2. Jhs. aus zwei Teilsammlungen, einer judenchristlich-gnostischen (u. a. mit Spruch 12) und einer daraus entstandenen weiter gnostisierten Variante (u. a. mit Spruch 13) komponiert worden ist.[43] Sein Verfasser, besser: der Redaktor dieser Vorlagen gehört als streng asketisch orientierter christlicher Gnostiker der syrischen Kirche an; er steht im Einflußbereich der Thomas-Tradition und schmückt sein Werk deshalb mit dem Namen und der Autorität des Apostels, wie Einleitung und Schluß des Textes zeigen.

d) Mit der Annahme einer dem Thomas-Evangelium vorausliegenden judenchristlichen Sammlung von Jesusworten befinden wir uns relativ nah am Ursprung der Jesusüberlieferung überhaupt, zeitlich Ende des 1. Jahrhunderts, lokal vielleicht im transjordanischen Raum. Angesichts der Eigenständigkeit gerade der Worte des Thomas-Evangeliums, die Parallelen im Neuen Testament haben, ist deshalb die Vermutung begründet, daß der erste Baustein für das (spätere) Thomas-Evangelium eine Sammlung von Jesusworten gewesen ist, die nach Alter und Authentizität den kanonischen Texten nicht nachsteht. Die These, daß im Thomas-Evangelium ein von den neutestamentlichen Evangelien unabhängiger Strang ältester Jesusüberlieferung zum Zuge kommt, setzt sich jedenfalls in der Forschung mehr und mehr durch.[44] So ist z. B. in den Gleichnissen vom Mahl (Spruch 64) und von

der Perle (Spruch 76), auch in dem von den rebellischen Winzern (Spruch 65) eine ursprünglichere Gestalt bewahrt als in den kanonischen Parallelen.[45]
Auch den Spruch 31 hat man längst als seinem Seiten-
stück in Mk 6,4f überlegen bestimmt[46] und bisher
unbekannte Worte, wie z.B. das Gleichnis vom At-
tentäter (Spruch 98) mit guten Gründen der Verkündigung des historischen Jesus zugeordnet.[47] Das ste-
reotype «Jesus sprach:...» darf also bei einer Reihe
von Logien des Thomas-Evangeliums historisch und
wörtlich genommen werden (ohne daß damit behaup-
tet sein soll, daß die betreffenden Worte Jesu ohne
jede Veränderung erhalten wären; auch die ins Thomas-Evangelium eingeflossene älteste Überlieferung
ist nicht ohne sekundäre Züge).

«VERBORGENE WORTE, DIE JESUS DER LEBENDIGE SPRACH»

Für die christlich-gnostischen Leser des Thomas-
Evangeliums in Syrien und dann in Ägypten gab es
die Frage nach dem «historischen Jesus» nicht; an-
ders als wir machten sie keinen Unterschied zwischen
alter Jesustradition und viel später entstandenen ge-
nuin gnostischen Sprüchen (z.B. Logion 7,18f.
21.29.42.49f.56.58–60.83–85.110–112). Alle 114
Sprüche waren für sie Worte Jesu des Lebendigen.
Als Offenbarer ist er wie der Vater (Spruch 3 und 50)
Inbegriff des Lebens. Wer seine Botschaft entschlüsselt, wird den Tod nicht schmecken, aber diese Botschaft ist verborgen und geheim.

Verschiedene christlich-gnostische Gruppen wissen davon zu berichten, daß Jesus vor allem nach seiner Auferstehung, einem oder mehreren auserwählten Menschen besondere Belehrung und Unterweisung zuteil werden ließ. (Auch das Neue Testament kennt diese Vorstellung, vgl. Mk 4, 10–12.34; 9, 2–10; 13, 3 ff: Lk 24, 13 ff u. ö.). In den Auseinandersetzungen rivalisierender Gemeinden konnte so jeweils die eigene «Theologie» als Sonderoffenbarung auf Jesus zurückgeführt und in seinem Namen vertreten werden. Hier ist es Thomas, der solcher besonderen Offenbarung gewürdigt wurde, im «Evangelium nach Philippus» und im sog. «Dialog des Erlösers» nimmt Maria Magdalena eine Vorrangstellung ein: «Der Herr liebte Maria mehr als die Jünger», und: «Sie sprach als eine Frau, die das All kennt.»[48]

Das «Evangelium nach Maria» erzählt, daß die durch die Kreuzigung Jesu verschreckten Jünger Maria bitten, ihnen zu berichten, was der Herr ihr im geheimen gesagt hat; Maria tut das freundlich und schwesterlich, bis Petrus dazwischenfährt und wütend fragt: «Sprach er wirklich im geheimen mit einer Frau und nicht öffentlich mit uns? Sollen wir uns umwenden und alle ihr zuhören? Hat er sie uns vorgezogen?»[49]

Geheime Worte sind eine Auszeichnung für den, der sie empfängt; als Geheimwissen bedeuten sie Macht; und: geheime/verborgene Worte müssen entschlüsselt werden; ihre Bedeutung liegt nicht offen zutage. Der wiederholte Weckruf «Wer Ohren hat, zu hören, der höre!» (Spruch 8.21.63.65.96) erinnert daran, die ersten Logien (1–6; vgl. auch 59.92.94) schärfen es ein: es gilt zu suchen, anzuklopfen, aufmerksam zu sein und zu erkennen – auch im Blick auf die hier gesammelten «verborgenen Worte», die Didymos Judas Thomas aufgeschrieben hat.

Wie schon im Neuen Testament viele Gleichnisse Jesu sekundär als verschlüsselte Rede, als Allegorien verstanden werden und deshalb der Deutung bedürfen (vgl. nur Mk 4,1–20; Mt 13,24ff.), so sind auch die Sprüche des Thomas-Evangeliums nur dem Eingeweihten verständlich, nur er kann sie «dechiffrieren». Er weiß, wenn er etwa Spruch 7 liest, daß «der Löwe» ein Symbol für die Welt ist (vgl. 1. Petr. 5,8) oder für die Sexualität bzw. die «Tierheit» des Menschen[50] – und versteht: «... verabscheuungswürdig der Mensch, den der Löwe fressen wird!» Er weiß auch, was «Suche» meint und «Verwirrung» (Spruch 2); das «Königreich» braucht man ihm nicht zu erklären, ebensowenig «die Orte meines Vaters» oder «die sprudelnde Quelle», die «fünf Bäume im Paradies», den «Brunnen» und die «Beschneidung im Geiste» (vgl. Spruch 3. 64. 12.19. 74 und 53). Er hat «Erkenntnis» und versteht alle Worte Jesu im Lichte dieser Erkenntnis; auch die uns aus dem Neuen Testament ganz vertrauten Texte haben für ihn einen neuen, tiefen, dem Außenstehenden verborgenen Sinn: Das Gleichnis vom verlorenen Schaf z.B. (Spruch 107) ist jetzt nicht mehr Rechtfertigung und Proklamation der Sünderliebe Gottes, sondern symbolische Verschlüsselung der Erlösung durch Gnosis. Der Hirt wird zum Bild für den Gnostiker: wie jener das verirrte (größte!) Schaf sucht, so soll dieser sich abmühen für das Königreich, das ja mit seinem Selbst identisch ist – «inwendig in euch... und außerhalb von euch» (Spruch 3). Oder sollen wir in dem Hirten den Erlöser selbst abgebildet finden? Auch dafür gibt es Belege und auch so wäre der Text sinnvoll gnostisch zu verstehen: der Offenbarer geht dem selbstvergessenen Pneumatiker (= das größte Schaf/«Ich liebe dich mehr als die neunundneunzig.») nach und erweckt ihn aus seinem Schlaf – wie Brief und Adler den Königssohn im Perlenlied. «Bewußte Doppeldeutigkeit ist nicht ausgeschlossen, zumal da sie hier gut der... gnostischen Lehre entsprechen würde, die Erlöser und Erlöste nicht streng auseinanderhält...»[51], vgl. neben Logion 3 noch 108.

Als zweites Beispiel für geheimen Sinn im «vertrauten» Wort nenne ich Spruch 100. Bei dem Satz «Gebt dem Kaiser, was dem Kaiser gebührt!» denkt der gnostische Leser an materielle Güter und Abgaben, bei der Aufforderung, «Gott zu geben, was Gott gebührt», doch wohl daran, daß Leib und Seele wie die somatische Sphäre insgesamt bei der Erlösung an den (bösen!) Schöpfergott zurückfallen: nur hier spricht Thomas von «Gott», der in strengem Dualismus dem lebendigen liebenden Vater gegenübersteht.[52] «Und was mein ist, das gebt mir!» Das Pneuma-Selbst, der Geist des Gnostikers gehört dem Offenbarer, der selber Geist ist und alle in die Materie-Welt verirrten Geistfunken zurückholen will, wie der Königssohn die Perle! Die Rückkehr ins Vaterhaus bedeutet ihre und seine Erlösung.

Mit dem zuletzt Gesagten sind zentrale Motive des gnostischen Welt- und Selbstverständnisses angesprochen. Deshalb hier im Zusammenhang mit dem Thomas-Evangelium ein kurzer Hinweis zu diesem Phänomen der Religionsgeschichte. «Gnosis» ist das griechische Wort für «Erkenntnis», wobei nicht nur an ein theoretisches Erkennen zu denken ist, «sondern zugleich an ein Schauen oder Einswerden mit dem Gegenstand der Erkenntnis».[53] Im engeren Sinne bezeichnet Gnosis «eine religiöse Erlösungsbewegung der Spätantike, in der die Möglichkeit einer negativen Welt- und Daseinsdeutung in besonderer und unverwechselbarer Weise ergriffen ist und sich zu einer konsequent weltverneinenden Weltanschauung verfestigt hat».[54]

Die Träger und Anhänger dieser Bewegung haben sich selber Gnostiker genannt, und *Gnosis* «war nicht nur ihr Schlagwort, sondern nach ihrer Weltanschauung auch das eigentliche, ja im Prinzip das einzige Mittel der Erlösung».[55] Die Erkenntnis ist dabei inhaltlich im Einzelnen unterschiedlich gefüllt, je nachdem ob wir es mit vorchristlicher (jüdischer und heidnischer) oder mit christlicher Gnosis in ihren vielfältigen Gestalten zu tun haben; wesentliche Grundeinsichten im Blick auf «Gott und die Welt» und das daraus resultierende Weltgefühl sind aber allen Ausprägungen dieser Religion gemeinsam; das rechtfertigt ihre übergreifende Kennzeichnung als Gnosis.[56]

Gemeingnostisch ist das folgende Wissen und eine ihm entsprechende existentielle Erfahrung:

a) Der Mensch, d.h. der wahre Mensch, das Selbst befindet sich hier in der Fremde, gefangen in und von der Welt, gefesselt an den Leib, das Gefängnis und Grab der Seele. Als Reich der Finsternis kann die Welt die Heimat des Menschen nicht sein; er stammt aus dem Reich des Lichts – und ist selber Licht.

b) Ursprünglich war nur ein Reich, das Reich des Lichts, und am Ende wird nur dieses eine Reich sein. Durch ein Versagen, ein Unglück innerhalb der Lichtwelt ist die Einheit und Ganzheit verlorengegangen; ein Teil des Lichts ist «gefallen» und «verstreut»; dieser Teil wurde Anlaß für die Entstehung der materiellen Welt, die aber Bestand nur so lange haben kann, als Licht- und Pneumateilchen in Gestalt der menschlichen Seele in ihr sind, denn die bedeuten das jenseitige Element, das «diese Welt im Innersten zusammenhält». Wenn einmal alle Lichtteilchen in die Lichtwelt zurückgekehrt sein werden, d.h. wenn einmal alle Pneumatiker/Gnostiker vom Schlaf erwacht, sich selbst und damit die Welt ‹erkannt› haben, und wissen, «wer ich war und wer und wie ich jetzt bin, damit ich wieder werde, was ich war»[57] – dann ist die Erlösung vollbracht, die Welt der Finsternis überwunden, im Nichts versunken, die Einheit und Ganzheit wiederhergestellt.

c) Der Mensch kann aus seiner Verlorenheit nur durch Gnosis erlöst werden; Gnosis hat er aber nicht aus sich selbst, sie muß ihm mitgeteilt werden; deshalb kommt der Offenbarer aus der Lichtwelt herab:

er klärt den Menschen über seine Herkunft und damit über seine Bestimmung auf («Erinnere dich: du bist ein Königssohn!») – und wird zum Helfer beim Wiederaufstieg ins Reich des Lichts. Der unbekannte, ganz und gar unweltliche Gott hat ihn gesandt, damit alle Lichtteilchen gerettet und so die Einheit des Lichtreiches endlich wiederhergestellt wird. Sein Gegenspieler, der Demiurg, der als Schöpfergott für die Welt verantwortlich ist und sein frevelhaftes Werk nicht kampflos aufgeben will, muß und soll überwunden werden.

Gemeingnostisch ist, wie damit deutlich wird, ein fundamentaler Dualismus in Anthropologie, Kosmologie und Theologie, der sich in Begriffspaaren wie «Licht und Finsternis», «Tod und Leben», «Seele und Leib», «Materie und Geist» ausspricht, ein Dualismus allerdings auf monistischem Grund[58]: nur die Welt des Lichts war am Anfang und wird am Ende sein; der unbekannte Gott ist als väterlich-mütterlich liebende Kraft Ursprung und Ziel.

In einer Reihe unterschiedlicher, z.T. höchst komplizierter Systeme sind diese Grundeinsichten der Gnosis im Laufe ihrer bewegten Geschichte entfaltet und konkretisiert worden, z.B. von Simon Magus, Menander, Kerinth, Basilides, Valentin oder Mani.[59] Was «Gnosis» ist und will, läßt sich aber an gnostischer Dichtung und Predigt besser lernen als an den Systemen, z.B. an den Hymnen und Psalmen, die in diesem Buch zusammengestellt sind, vor allem an dem Perlenlied, einem der «schönsten Dokumente der Gnosis», das «in seltener Reinheit und Vollstän-

digkeit, unverwirrt durch kosmische Spekulationen»,
den gnostischen Erlösermythos erzählt,[60] oder an
dem sog. Naassener-Hymnus, der zunächst das
Schicksal der Seele schildert und dann den präexistenten Christus die gnostische Lehre von der «Erlösung
durch Gnosis» aussprechen läßt: Über die Seele heißt
es da:

« Und sie gleicht dem scheuen Wilde,
das gehetzt wird auf der Erde
von dem Tod, der seine Kräfte
unentwegt an ihr erprobet.
Ist sie heut im Reich des Lichtes,
morgen ist sie schon im Elend,
tief versenkt in Schmerz und Tränen.
. . .
Und im Labyrinthe irrend,
sucht vergebens sie den Ausweg. »

« Da sprach Jesus: Schau, o Vater,
auf dies heimgesuchte Wesen,
wie es fern von deinem Hauche
kummervoll auf Erden irret,
will entfliehen dem bittren Chaos,
aber weiß nicht, wo der Aufstieg.
Ihm zum Heile sende, Vater,
mich, daß ich herniedersteige
mit den Siegeln in den Händen,
die Aeonen all durchschreite,
die Mysterien alle öffne,
Götterwesen ihm entschleire

und des heilgen Wegs Geheimnis
– Gnosis nenn' ich's – ihm verkünde.»[61]

Auch an Texten des «Evangeliums der Wahrheit» kann man lernen, was Gnosis ist. Es nennt den Menschen, «der unwissend ist bis ans Ende»... «ein Gebilde der Vergessenheit» (– «und er wird mit ihr aufgelöst.» –); wer aber «die Erkenntnis besitzt», ist «ein Wesen von oben. Wenn man ihn ruft, hört er. Er antwortet. Er wendet sich zu dem, der ihn ruft, und er geht hinauf zu ihm. Er weiß, in welcher Weise man ihn ruft. Weil er weiß, führt er den Willen dessen aus, der ihn gerufen hat. Er will ihm gefallen. Er empfängt Ruhe. Der Name des Einen wird ihm zuteil. Wer auf diese Weise erkennen wird, weiß, woher er gekommen ist und wohin er geht. Er weiß wie einer, der betrunken war und sich von seiner Trunkenheit abwandte, der sich sich selbst zuwandte und sein Eigentum in Ordnung brachte.» Jesus, der durch sein Kommen als offenbarendes Wort die Welt auflöst, bringt die Lichtfunken «zurück zum Vater, zur Mutter, der Jesus der Grenzenlosigkeit und der Süße».[62] Schließlich kann man, was Gnosis ist, unter vielen anderen Texten auch am Thomas-Evangelium lernen, dessen 114 Worte Jesu weder ein gnostisches System entfalten noch den Erlösermythos erzählen, beides aber ständig als bekannt voraussetzen (ohne daß wir genau sagen könnten, welcher der in Syrien beheimateten Richtungen der Gnosis dieses traditionsgeschichtlich so vielschichtige Buch zugehört). Der Jesus des Thomas-Evangeliums ist der präexistente Offenbarer, der im Fleisch erschien (Spruch 28); er ist überall («ubiquitär»), Grund und Ziel des Alls, als Licht «identisch» mit den Söhnen des Vaters, die aus dem Licht kommen (Spruch 30.77.50); an seinem Erkenntnis schaffenden Wort hängt alles Heil; wer seine Worte versteht, wird den Tod nicht schmecken (Spruch 1), sondern sein wie er, der ja das Göttliche in jedem Gnostiker ist. «Wer von meinem Munde trinkt, der wird wie ich, und ich selbst werde er werden, und die Geheimnisse werden sich ihm offenbaren» (Spruch 108).

Jesu Taten, seine Heilungen und Exorzismen, vor allem sein für die biblische Theologie so zentrales «Werk» im stellvertretenden Sühneleiden am Kreuz (Paulus, Markus, Hebräerbrief) spielen für den christlichen Gnostiker keine Rolle.

Die Welt ist im Thomas-Evangelium gut gnostisch schroff negativ charakterisiert – ein Leichnam! Wer sie erkannt hat, weiß das; er weiß auch, daß die Welt dessen, der sich selbst gefunden hat, nicht wert ist (Spruch 56.80.111). Distanz zur Welt, Weltüberwindung ist deshalb die angemessene Haltung für den Gnostiker: nicht Teilenthaltung in problematischer Frömmigkeitspraxis mit Fasten, Beten, Almosen und Speisevorschriften (Spruch 6.14.104), sondern radikale Ablehnung ist gefordert: «Fasten gegenüber der Welt»! (Spruch 27). Das Reich des Vaters und diese Welt sind unvereinbar; es gibt nur ein bedingungsloses Entweder-Oder (Spruch 47). «Wachet vor der Welt! Gürtet eure Hüften..., damit die Räuber keinen Weg finden, zu euch zu kommen.» Die Welt –

ein «Feld» fremder Herren – gehört den Jüngern Jesu nicht; sie werden sie, wenn sie im Tode den Leib verlassen (= «sich ausziehen»), mit Freuden drangeben (Spruch 21). Jesus wird das Haus (dieser Welt) zerstören, und niemand wird es wieder aufbauen können (Spruch 71), ja, er will die Welt mit Feuer vernichten (Spruch 10), was doch wohl heißt, «daß die Welt zusammenbrechen wird, wenn alle Geistträger daraus von Jesus zum Vater gebracht sind».[63]

Auch das Neue Testament und hier besonders Paulus und Johannes kennen das dualistische Gegenüber dieser Welt und der Sphäre Gottes bzw. des Kyrios, aber der Gedanke der einen Schöpfung Gottes ist dabei nicht aufgegeben; bei aller Distanz einer im Vergehen begriffenen Welt gegenüber (vgl. 1. Kor 7, 29–31) hofft Paulus doch zugleich auf die Erlösung für alle Kreatur (Röm 8, 18 ff).

Auch der Mensch wird im Thomas-Evangelium streng dualistisch verstanden: er stammt, sofern er wahrhaft Mensch ist, aus dem Reich des Lichtes und wird deshalb Lichtmensch genannt (Spruch 24. 50); er ist wie der Offenbarer präexistent: er war, bevor er wurde; wo sein Anfang ist, da wird auch sein Ende sein (Spruch 18 und 19). Seiner irdischen Existenz ist eine außerirdische vorausgegangen, in die es heimzukehren gilt. In der Welt hat er diese Herkunft, sein wahres Sein und Selbst vergessen. Jesus fand alle Menschen trunken und blind (Spruch 28) und sein Ruf wird nur wenige wecken (Spruch 23); ja, nur wenige sind seiner Geheimnisse würdig (Spruch 62) und, noch schärfer, fähig: Das Logion 70 setzt die auch sonst in der Gnosis vielfach belegte Einteilung der Menschen in zwei oder drei Klassen voraus: neben den «Geistigen» (Pneumatiker) gibt es die «Seelischen» (Psychiker) und die «Fleischlichen» (Sarkiker).[64] Nur die Pneumatiker sind erlösungsfähig, nur sie haben die entsprechende pneumatische Qualität, ihnen wird gegeben (gemeint ist: die Heimkehr); wer aber «nichts hat, dem wird auch das Wenige, das er hat (gemeint ist: sein Leib), genommen werden» (Spruch 41). Die Erlösung vollzieht sich hier und jetzt als Erkenntnis und Selbsterkenntnis (Spruch 67): Das Königreich des Vaters ist über die Erde ausgebreitet (Spruch 113, vgl. 3 und 51). Durch Jesus lernt der Gnostiker «den Vater erkennen» und «sich selber finden», was ein und dasselbe ist, denn das Reich als Sphäre des Lichts ist ja «außen» und «innen» (Spruch 49.11.3).

«WERDET VORÜBERGEHENDE!»

Die Gnosis, in der die Thomas-Christen leben, gründet zwar in pneumatischer Qualität, aber sie ist doch nicht ein für allemal verfügbar und unverlierbar. Wie der Königssohn des Perlenliedes in Ägypten, so ist auch der gnostische Christ umlauert von den Gefahren und Versuchungen der Welt; er steht in einem Kampf wie ein Athlet,[65] verfolgt «in seinem Herzen» (Spruch 69); seine Erkenntnis muß sich auf dem schmerzlichen Weg der Individuation immer neu aktualisieren: durch Leiden und in Verfolgungen wird das Leben gefunden (Spruch 58.68). Dieser Lage entsprechend spricht das Thomas-Evangelium eine

Fülle ethischer Weisungen aus, Weisungen, die ein wahrhaft asketisches, weltüberlegenes Leben intendieren; sie machen den Menschen zu einem «Einsamen», zu einem «Einzigen» und darin zum «Auserwählten» (Spruch 4.16.22.23.49.75), vielleicht ist dabei an ein monastisches Leben gedacht, jedenfalls an eine Existenz jenseits aller Bindungen. Jesu Ruf bedeutet ja Scheidung, Feindschaft unter den Menschen und in den Familien (Spruch 16.55.99.101.105). Der Jünger verläßt seine natürliche Familie und wird ein Glied in der Familie Jesu; er trennt sich von allem Besitz und wird arm, während die Reichen, die Käufer und Händler dem Tod verfallen; sie «werden nicht hineingehen zu den Orten meines Vaters» (Spruch 64; vgl. 63.54.110). Wie auf materielle Güter, so verzichtet der Jünger auch auf Ansehen und Ruhm dieser Welt (Spruch 78), ganz im Sinne der von Jesus verlangten und praktizierten «paradoxen Hierarchie» wird er ein Kind (Spruch 4.21.22.37.46). «Sein wie die Kinder» meint dabei für ihn Einheit jenseits aller Gegensätze, paradiesische Ruhe ohne alle Leidenschaft, vor allem ohne Sexualität, die an den Leib versklavt. Das Männliche und das Weibliche sollen zu einem Einzigen werden, «damit das Männliche nicht (mehr) männlich und das Weibliche nicht (mehr) weiblich ist» (Spruch 22, vgl. 87). Das Thomas-Evangelium fordert wie die Thomas-Tradition auch sonst strenge Sexualaskese; in den Thomas-Akten ist die Enthaltsamkeit das beherrschende Thema der Predigt des Apostels.[66]

Die radikal-asketische Existenz des Gnostikers ist bei

aller Vereinzelung gehalten durch das königliche Selbstbewußtsein, das die Gnosis vermittelt, und durch den «Bruderschaftsgedanken» der Erlösten: als Brüder tragen und ertragen die Gnostiker gemeinsam die «Einsamkeit in der zur Fremde gewordenen Welt».[67] Der Jesus des Thomas-Evangeliums fordert wie der johanneische Christus nicht Feindes- oder Nächstenliebe, sondern Bruderliebe: «Jesus sprach: Liebe deinen Bruder wie deine Seele! Hüte ihn wie deinen Augapfel!» (Spruch 25 und 26). Auch das Wahrheitsgebot und die goldene Regel («Und tut nicht, was euch verhaßt ist!» – Spruch 6) sind Sätze solcher Brüderethik.

Soviel hier zum Thomas-Evangelium. Mag uns seine Weltanschauung und sein Weltgefühl auch fremd sein, so wird man doch nicht bestreiten können, daß vor allem seine Ethik an wesentliche Elemente der Verkündigung Jesu anknüpft und geeignet ist, die Radikalität christlicher Existenz in Erinnerung zu rufen. Daß diese Welt eine Welt zum Tode ist, hat Thomas gültig erkannt; vielleicht lassen wir uns von ihm sagen, daß wir Wanderer sind, ohne daß wir deswegen wie er die Welt negieren. Nicht nur den Brüdern, sondern allen Menschen und der Welt insgesamt sollen wir uns im Geiste Jesu zuwenden – und dabei und darin nicht vergessen:

«Jesus, über dem Friede sei, hat gesagt:
‹ Die Welt ist eine Brücke.
*   Geht über sie hinüber –*
*   aber laßt euch nicht auf ihr nieder!›»*[68]

III. Hymnen und Psalmen aus dem Umkreis der Thomas-Tradition

Urchristliche Gemeinden waren singende Gemeinden. Vom Reichtum ihrer Lieder sind uns aber leider nur wenige Reste erhalten. Immerhin, wir haben das Hohelied des Apostels Paulus auf die Liebe (1 Kor 13), seine Hymnen Römer 8,31–39 und 11,33–35, dazu Christuslieder aus dem Philipperbrief (2,6ff), aus dem 1. Petrusbrief (3,18ff) und aus dem 1. Brief an Timotheus (3,16) und u.a. noch den herrlichen Lobgesang der Maria, dessen zweiter Teil (Lk 1,49b–55) als Jubel- und Danklied der Gemeinde zu verstehen ist. Paulus setzt voraus, daß «jeder» in der charismatisch bewegten Gemeindeversammlung «einen Psalm hat» (1 Kor 14,26). Neben den erstaunlich vielfältigen Formen der Wortverkündigung und dem Gebet spielten Lieder offensichtlich eine große Rolle im gottesdienstlichen Leben der Gemeinde. «Singt Gott in eurem Herzen Psalmen, Hymnen und Lieder, wie sie der Geist eingibt, denn ihr seid in Gottes Gnade!», heißt es im Kolosserbrief (3,16).

1. Die Oden Salomos

Diese Aufforderung scheint man in der syrischen Christenheit in besonderer Weise ernstgenommen zu haben; da hat es offensichtlich viele liedbegeisterte Gemeinden gegeben, die ihren Glauben nicht «nur» bekennen, sondern auch singen wollten. Deshalb entstand hier schon in der 1. Hälfte des 2. Jahrhunderts eine Liedersammlung, die sogenannten *«Oden Salomos»*,[69] gleichsam ein christliches Gegenstück zum Psalter der jüdischen Gemeinde. Die Sammlung umfaßt 42 Oden, die nahezu vollständig erhalten sind; sie vereinigt – wie der Psalter und teilweise in seiner Sprache – Lehrdichtungen (z. B. Ode 23), Gemeindelieder (z. B. Ode 13) und überwiegend Lieder des einzelnen Frommen mit Lobpreis (z. B. Ode 26), Klage und Dank. Die dem einzelnen bereits zuteilgewordene Erlösung wird besungen und gepriesen; er ist Christus ähnlich geworden, ja, als Erlöster ist er mit dem Erlöser identisch (vgl. vor allem Ode 17). Christus wird gepriesen als der Präexistente, der zu unserer Rettung in die Finsternis herabgestiegen ist, hier ein Fremder war und nach Vollendung seines Heilswerkes wieder vom Vater erhöht wurde. Diese Bilder, überhaupt die «religiöse Kunstsprache» (Reitzenstein) der Oden und der partiell erzählte oder doch allenthalben vorausgesetzte Erlösermythos sind «gnostisch» – aber solche Gnosis kennt ansatzweise schon das Neue Testament! Es ist deshalb nicht verwunderlich, daß die «Oden Salomos» auch in der Großkirche angesehen und beliebt waren. Vielleicht haben sie mit zu dem Liedgut gehört, das Augustin tief beeindruckte? Er berichtet in den «Confessiones» aus seiner Mailänder Zeit, daß man damals «das Singen von Hymnen und Psalmen nach der Weise der Ostkirche» einführte («secundum morem orientalium partium»). «Seither, bis auf diesen Tag hat sich der Brauch erhalten und ist bereits von vielen, ja fast allen Deinen Kirchengemeinden auch sonst auf dem Erdkreis übernommen worden.» Augustinus muß überwältigt gewesen sein von der Tiefe und Schönheit dieser Lieder. Er schreibt:

> *«Wie weinte ich bei den Hymnen und Gesängen auf Dich,*
> *mächtig bewegt vom Wohllaut dieser Lieder Deiner Kirche!*
> *Die Weisen dringen an mein Ohr,*
> *und die Wahrheit flößt sich ins Herz...,*
> *und mir war wohl bei ihnen.»* [70]

Nur eine kleine Auswahl aus den «Oden Salomos» kann hier zur Sprache kommen. Wir haben einige Texte aufgenommen, die Motive verwenden und Bilder variieren, die auch im Thomas-Evangelium oder im Perlenlied begegnen und geeignet sind, die religiöse Sprache christlicher Gnosis zu veranschaulichen. [71]

ODE 34
DIE WAHRE WELT UND DIE WELT DES SCHEINS

Es gibt keinen harten Weg da, wo ein einfältiges Herz
(ist),
auch keine Plage bei aufrichtigen Gedanken.
Auch keinen Sturm in der Tiefe erleuchteten Denkens.
Da, wo ringsum schönes Land,
ist nichts Zwiespältiges drinnen.
Urbild dessen, was drunten ist,
ist das, was droben.
Denn alles ist droben,
und drunten ist nichts, sondern es erscheint (nur so)
denen,
in denen keine Erkenntnis ist.
Die Güte ist offenbar geworden zu eurer Erlösung.
Glaubet und lebet und lasset euch erlösen!
Hallelujah!

ODE 25
DANK FÜR DIE BEFREIUNG ZU HIMMLISCHEM LEBEN

Entronnen bin ich aus meinen Banden,
und zu dir bin ich geflüchtet, mein Gott.
Denn du warst die Rechte der Erlösung
und mein Helfer.
Du hemmtest die, welche gegen mich aufstanden,
und sie sind nicht wieder zum Vorschein gekommen.
Denn deine Person war mit mir,
sie, die mich rettete durch deine Güte.

*Ich wurde aber verachtet und verworfen in den Augen
der vielen,*
und ich war in ihren Augen wie (wertloses) Blei.
Und es war nur Stärke von dir her
und Hilfe.
Leuchter stelltest du mir hin zu meiner Rechten
und zu meiner Linken,
auf daß nichts an mir sein möchte ohne Licht.
Und ich wurde bekleidet mit dem Kleide deines Geistes
und tat ab von mir die Fellgewänder.
Denn deine Rechte erhöhte mich
und ließ abziehen die Krankheit von mir.
Und ich war kräftig in deiner Wahrheit
und heilig in deiner Gerechtigkeit.
Und es gerieten in Furcht vor mir alle meine Gegner,
und ich war des Herrn im Namen des Herrn.
*Und ich wurde gerechtfertigt durch seine Freundlich-
keit,*
und seine Ruhe währt in Ewigkeit der Ewigkeiten.
Hallelujah!

ODE 17
DER ERLÖSTE ERLÖSER

Ich bin aber bekränzt worden durch meinen Gott,
und mein Kranz ist lebendig.
Und ich bin gerechtfertigt worden durch meinen Herrn,
meine Erlösung aber ist unvergänglich.
Ich bin befreit worden von den Eitelkeiten
und bin nicht verurteilt.
Meine Fesseln sind durch ihn zerrissen worden,

*Antlitz und Gestalt einer neuen Person habe ich
empfangen
und wandelte in ihr und wurde erlöst.
Und das Denken der Wahrheit leitete mich,
und ich ging ihm nach und ging nicht irre.
Und alle, die mich sahen, erstaunten,
und wie ein Fremder kam ich ihnen vor.
Und er, der die Erkenntnis besitzt und mich wachsen
ließ,
ist der Höchste in seiner ganzen Vollkommenheit.
Und er brachte mich zu Ehren in seiner Freundlichkeit
und erhöhte zur Höhe der Wahrheit mein Erkenntnis-
vermögen.
Und von da gab er mir den Weg seiner Schritte (frei),
und ich öffnete die Tore, die verschlossen waren,
und ich zerschlug die eisernen Riegel.
Mein eigenes Eisen aber geriet in Glut und schmolz vor
mir.
Und nichts erwies sich für mich als verschlossen,
weil ich der geworden war, der alles öffnet.
Und ich ging hin zu allen den Meinen, die eingeschlossen
waren, sie zu befreien,
daß ich keinen ließe gebunden oder bindend.
Und ich gab meine Erkenntnis ohne Mißgunst
und meine Fürbitte voller Liebe.
Und ich säte in die Herzen meine Früchte
und verwandelte sie durch mich.
Und sie empfingen meinen Segen und wurden lebendig,
und sie versammelten sich bei mir und wurden erlöst.
Denn sie sind mir Glieder geworden
und ich ihr Haupt.*

Preis dir, unserem Haupte, Herr, Christus!
Hallelujah!

ODE 23
DER HIMMELSBRIEF

Die Freude gehört den Heiligen;
und wer sollte sie anziehen, außer ihnen allein?
Die Güte gehört den Auserwählten;
und wer sollte sie empfangen außer jenen, die auf sie
trauen von Anbeginn?
Die Liebe gehört den Auserwählten;
und wer sollte sie anziehen außer jenen, die sie besessen
haben von Anbeginn?
Wandelt in der Erkenntnis des Höchsten
und ihr werdet erkennen die Güte des Herrn („die)
ohne Mißgunst (spendet),
so daß ihr über ihn jubelt und seine Erkenntnis voll-
kommen wird.
Und sein Ratschluß war wie ein Brief,
und sein Wille kam herab aus der Höhe.
Und er wurde entsandt wie ein Pfeil vom Bogen,
der abgeschnellt wird mit Gewalt.
Und hin eilten zu dem Briefe viele Hände,
ihn zu packen und zu nehmen und zu lesen.
Und er entzog sich ihren Fingern,
und sie bekamen Angst vor ihm und vor dem Siegel auf
ihm,
weil sie keine Macht hatten, zu lösen sein Siegel.
Denn die Kraft, die auf dem Siegel war, war stärker
als sie.

Es gingen aber hinter dem Briefe her jene, die ihn
gesehen hatten,
daß sie erfahren möchten, wo er sich niederließe,
und wer ihn lesen
und wer ihn hören dürfe.
Ein Rad aber nahm ihn in Empfang,[72]
und er kam auf es;
und so war das Zeichen mit ihm
des Königtums und der Herrschaft.
Und alles, was im Wege war dem Rade,
mähte es nieder und schnitt es ab.
Und eine Menge drängte es zurück von solchem, was
entgegenstand,
und schüttete zu die Flüsse
und ging hinüber, rodete viele Wälder aus
und legte einen breiten Weg an.
Es stieg herab das Haupt zu den Füßen,
weil bis zu den Füßen das Rad gelaufen war.
Und das, was auf ihn kam,
der Brief, enthielt ein Gebot,
damit sich versammelten zugleich alle Länder.
Und zu sehen war an seinem Kopf das Haupt, das sich
offenbarte,
und der echte Sohn vom höchsten Vater.
Und er erbte alles und nahm es in Besitz,
aber es versagte völlig der Anschlag der vielen.
Es begehrten aber alle Abtrünnigen auf und flohen
(dann doch),
und schlaff wurden die Verfolger und erloschen.
Es war aber der Brief eine große Tafel,
die beschrieben war vom Finger Gottes ganz und gar.

Und der Name des Vaters (stand) darauf
und der des Sohnes und der des heiligen Geistes,
zu herrschen in Ewigkeit der Ewigkeiten.
Hallelujah!

ODE 37
DANKLIED

Ich streckte meine Hände aus zu dem Herrn,
und zum Höchsten erhob ich meine Stimme.
Und ich redete mit den Lippen meines Herzens,
und er hörte mich, als meine Stimme zu ihm drang.
Sein Wort kam zu mir,
das gab mir die Früchte meiner Mühen.
Und es gab mir Ruhe in der Güte des Herrn.
Hallelujah!

2. Lieder aus den Thomas-Akten

Zu dem Liedgut der syrischen Kirche gehören neben
dem Perlenlied einige weitere Hymnen aus den Thomas-Akten.[73] Das *Hochzeitslied* (Kap. 6f) besingt die
Vereinigung der Lichtjungfrau mit dem himmlischen
Bräutigam; es beschreibt damit für den, der Gnosis
hat, die Erlösung der Weisheit aus der Finsternis der
irdischen Welt. Das *Tauflied* (Kap. 27) und der *Hym-*

nus zur Eucharistie (Kap. 50) geben Einblick in den
(besonderen) Ritus der syrischen Christen[74] und enthalten in der Anrufung der «Mutter» einen typisch
gnostischen Zug. Als «vollkommene Barmherzigkeit», als «Ruhe» ist die «Mutter» die «himmlische
‹Kampfgefährtin› des Erlösers auf Erden und so
selbst Offenbarerin und Erlöserin der Seelen.»[75]

DAS HOCHZEITSLIED: SOPHIA-HYMNE[76]

Auf dem Wege nach Indien kommt der Apostel Judas
Thomas, auch Zwilling geheißen, zu der königlichen
Stadt Andrapolis. Dort wird gerade ein Fest gefeiert:
der König gibt seine einzige Tochter einem Mann zur
Ehe. Auch Thomas wird zum Festmahl eingeladen;
er ißt und trinkt aber nicht, sondern singt das folgende Lied:

> *« Das Mädchen, es ist die Tochter des Lichts,*
> *Der Glanz der Könige ruht auf ihr.*
> *Wen sie anschaut, der wird belebt und beseligt.*
> *Ihre Schönheit ist wie Sonnenglanz.*
>
> *Die Kleider sind den Frühlingsblumen gleich,*
> *wie lieblich ist der Duft, der ihnen entströmt.*
> *Zu Füßen des Königs darf sie sitzen*
> *und er nährt sie mit göttlicher Speise.*
>
> *Die Wahrheit ruht wie eine Krone auf ihr,*
> *die Spur ihrer Füße ist Freude.*
> *Wenn ihr zierlicher Mund sich öffnet,*
> *tönen Lobgesänge hervor.*

Es preisen sie die Zweiunddreißig,
Ihre Zunge, gleicht sie nicht einem Türvorhang?
Nur für den Eintretenden öffnet er sich.
Ihren Nacken seh ich wie eine hohe Treppe,
der Baumeister des Kosmos hat ihn geschaffen.

Mit den Händen weist sie verheißend
auf die Folge der Glückszeitalter,
ihre Finger öffnen die Tore der Stadt.

In Licht getaucht ist ihre Brautkammer,
alle duftenden Kräuter und Wohlgerüche finden sich
darin,
die süßen und die herben Würzkräuter,
Myrtenzweige finden sich und vielerlei duftende Blüten,
geziert ist der Eingang mit Schilf.

Von sieben Brautführern ist sie umgeben,
sie selbst hat sie erwählt.
Und sieben Brautführerinnen umringen sie,
vor ihr tanzen sie ihren Reigen.

Zwölf sind es, die vor ihr dienen,
vor ihr verneigen sie sich.
Ihren Blick richten sie auf den Bräutigam,
damit er sie erleuchte mit seinem Anblick,
immerdar sollen sie bei ihm sein zur ewigen Freude,
ohne Ende wird die Hochzeit sein,
zu der sich die Erwählten versammelt haben.
Beim Mahle werden weilen alle,
die dazu gerufen wurden.

Bekleidet werden sie mit königlichen Gewändern,
umhüllt von glänzendem Tuch.

Das Brautpaar ist von Freude und Jauchzen erfüllt
und sie preisen den Vater des Alls.
Sein strahlendes Licht haben sie empfangen,
seine göttliche Speise genossen,
auf ewig bleibt sie in ihnen wirksam.

Von seinem Wein haben sie getrunken,
von ihm, der keinen Durst und kein Begehren kennt.
Mit dem lebendigen Geist loben sie und preisen
den Vater der Wahrheit und die Mutter der Weis-
heit.»

DAS TAUFLIED: HYMNUS DES HEILIGEN SIEGELS

Bei seiner Mission in Indien bekehrt Thomas den
König Gundafor, der mit seinem Bruder Gad um die
Taufe bittet: «Da unsere Seelen Ruhe haben und wir
für Gott willig sind, so gib uns das Siegel! Denn wir
haben dich sagen hören, daß der Gott, den du pre-
digst, seine Schafe an seinem Siegel erkenne.»
Der Apostel antwortet: «Jesus Christus, den ich predige, ist Herr und Gott des Alls, und er selbst ist der
Vater der Wahrheit, an welchen ich euch zu glauben
gelehrt habe.»

«Komm, du heiliger Name Christi, über allen Namen
erhaben,
komm, du Kraft des Höchsten,
komm, du vollkommene Barmherzigkeit,
komm, du äußerste Gabe!

Komm, du erbarmende Mutter,
komm, du Gemeinschaft mit dem Männlichen,
komm, du offenbarst uns die verborgenen Geheimnisse,
komm, du Mutter der sieben Häuser,
  im achten Hause soll dir Ruhe werden.

Komm, du Gesandter der fünf Glieder:
  des Verstandes, des Gedankens, der Einsicht,
  der Überlegung und der Urteilskraft.
Teile dich diesen jungen Leuten mit!

Komm, heiliger Geist,
reinige die Nieren und das Herz,
und versiegele sie auf den Namen des Vaters
und des Sohnes und des heiligen Geistes.» [77]

HYMNUS ZUR EUCHARISTIE

In einem späteren Kapitel heilt Thomas eine Frau von
ihrer Besessenheit und tauft sie mit anderen Neube-
kehrten. Dann befiehlt der Apostel seinem Diakon,
einen Tisch aufzustellen.

> *«Und sie stellten eine Bank hin, die sie dort fanden.*
> *Und er breitete ein linnenes Tuch darüber und legte das*
> *Brot des Segens darauf. Und der Apostel trat hinzu*
> *und sprach: ‹Jesus, der du uns gewürdigt hast, an der*
> *Eucharistie deines heiligen Leibes und Blutes teilzu-*
> *nehmen, siehe, wir erkühnen uns, zu deiner Eucharistie*
> *zu treten und deinen heiligen Namen anzurufen; komm*
> *und habe mit uns Gemeinschaft!› Und er begann zu*
> *sagen:*

‹ *Komm, du Geschenk des Höchsten,*
komm, du vollkommenes Erbarmen,
komm, du Gemeinschaft mit dem Männlichen,
komm, du heiliger Geist!

Komm, du kennst die Geheimnisse der Erwählten,
komm, du nimmst an allen Kämpfen des edlen Athle-
ten teil,
komm, du Schatztruhe der Herrlichkeit,
komm, du Liebling des göttlichen Erbarmens!

Komm, du ruhendes Schweigen,
du eröffnest die Größe der großen Taten,
komm, du enthüllst das Verborgene,
du tust die Geheimnisse kund.

Komm, heilige Taube,
du gebierst Zwillingsjunge,
komm, verborgene Mutter.
Komm, durch deine Taten machst du dich offenbar
und spendest uns Freude,
schenkst Ruhe allen, die dir verbunden sind.

Komm und nimm mit uns teil an dieser Eucharistie,
in deinem Namen begehen wir sie,
nimm teil an diesem Liebesmahl,
zu dem wir versammelt sind auf deinen Ruf hin.› »[78]

3. Thomas-Psalmen

In Medinet Madi im Fayyum (Mittelägypten) wurde 1932 ein umfangreiches Psalmenbuch gefunden, dessen Schlußteil die sog. *Thomas-Psalmen* (20 Gedichte) enthält. Auch sie sind wahrscheinlich in Syrien entstanden; als Verfasser gilt ein Schüler Manis mit Namen Thomas (also nicht der Apostel!), der um 270 n. Chr., bevor das manichäische «System» seine endgültige Gestalt gefunden hatte, als Prediger des Manichäismus wirkte.[79]

In den Psalmen schlägt sich ein poetischer Mythos nieder, der in vielen Einzelzügen an das «Perlenlied» erinnert. (Es ist von einem Raub die Rede, vom Abstieg der Heilsgestalt, die der Macht der Finsternis entgegentritt, und von der Rückkehr in den himmlischen Garten. Auch das Kleid kommt vor, das dem Sieger gehört.) Ob solche «Nähe» zwischen «Perlenlied» und Thomas-Psalmen die Folge direkter Abhängigkeit ist, sei dahingestellt. Auf jeden Fall können wir konstatieren, daß archetypische Motive und vertraute epische Grundmuster der Sprache der Gnosis hier wie da benutzt werden, um das Mysterium des Glaubens in Worte zu fassen.

THOMAS-PSALM I[80] (Vers 38–50)

> *Seine Monde verbrachte das Kind,*
> *bis es seine Schritte lenken konnte;*
> *klein war es, unscheinbar unter den Hohen,*
> *bis es hervortreten konnte.*

Dann rüstete er und gürtete sich,
  er war der Sohn im Glanz und im Reichtum.
Er rüstete sich und gürtete sich,
  er sprang hinab und eilte in die Tiefe.
Er sprang und gelangte in die Mitte der Feinde,
  dort stellte er sich ihnen zum Kampf.
Den Sohn des Bösen hat er gedemütigt,
  seine sieben Gesellen und zwölf Gehilfen.
Ihr Zelt riß er aus und warf es zu Boden,
  ihr brennendes Feuer trat er aus.
Die jämmerlichen Schergen fesselte er,
  die geplant hatten, einen Krieg zu führen.
Erbeutet ist ihre Rüstung, die schon bereit lag,
  bereit, um Krieg zu führen.
Er zerbrach auch die ausgelegten Fallen,
  die ausgespannten Netze wurden zerrissen.
Die Fische wurden ins Meer entlassen,
  die Vögel wieder in die Luft geschickt.
Die Vögel durften in die Luft entfliehen,
  die Schafe kamen zur Hürde zurück.
Verloren ist der Schatz, er nahm ihn mit sich,
  hinauf nahm er ihn in das Land der Ruhe.
Was die Lebendigen einst empfingen, wurde gerettet:
  zurückkehren werden sie in das Eigene Land.

THOMAS-PSALM II

Die mir nicht gleichen, haben sich mir gleichge-
macht,
  die meiner nicht würdig sind, erzürnen sich gegen
mich.

Wie Diebe haben sie sich in meines Vaters Haus
geschlichen,
    nun stehen sie auf und werfen sich bewaffnet auf
mich.
Mit ihren Waffen werfen sie sich auf mich,
    stehen mit mir im Krieg.
Im Krieg stehen sie mit mir
    und kämpfen um mein heiliges Gewand,
sie kämpfen um mein Licht, das leuchtet,
    damit ihre Finsternis hell werde.
Um meinen süßen Wohlgeruch kämpfen sie,
    damit ihr Modergeruch überdeckt wird.
Um meine Brüder kämpfen sie, die Söhne des
Lichts,
    damit sie ihrem Land Frieden bringen können.
Um meine Schwester kämpfen sie, die Stunde des
Lichts,
    sie soll ihrem Bau Stärke verleihen.

Ein Teil von meinem Gewand ging verloren,
    er ging und erleuchtete ihr Dunkel.
Mein süßer Wohlgeruch ging dahin
    und überdeckte ihren Modergeruch.
Meine Brüder gingen, die Söhne des Lichts,
    sie brachten Frieden ihrem Land.
Auch meine Schwester ging, die Stunde des Lichts,
    sie verlieh Stärke ihrem Bau.

Nun legen sie Waffen gegen mich an,
    stehen mit mir im Krieg,
sie stoßen Schreie gegen mich aus,
    wie Krieger, die ein Lager stürmen wollen.

Ihre Schwerter zücken sie gegen mich,
wie Jäger auf der Löwenjagd;
sie greifen nach dem Bogen gegen mich
   wie Häscher auf der Menschenjagd.
Sie lassen nicht ab, mit mir zu kämpfen,
   bis sie eine Mauer gegen mich gebaut haben.
Die elenden Kerle kriechen unablässig,
   bis sie eine Mauer gegen mich gebaut haben.
Sie kriechen zu mir, bis die Mauer gegen mich steht
und ein Wachtturm darauf errichtet ist.

Die Helfer der Lichtwelt setzen für mich die
Glocke in Bewegung,
   mein Beistand ist zu mir gekommen.
Die Feinde dachten in ihrem Herzen,
   ich sei ein Mensch, nach dem keiner sucht.
Ich aber hielt Ausschau nach meinem Vater,
   damit er mir Hilfe sende.
Ich halte Ausschau nach meinen Brüdern, den Söh-
nen des Lichts,
   ob sie meine Spur finden und zu mir kommen.

Da sandte mein Vater mir Hilfe,
   meine Brüder erhoben sich und vereinigten sich mit
mir.
Allein durch den Schrei, den meine Brüder ausstie-
ßen,
   wankte ihre Mauer und brach zusammen.
Ins Wanken kam die Mauer und brach auseinander,
   nicht aufhalten konnten es die Wachen.
Auch der, der mit der Glocke umherzieht,
   der den Helfer herbeiruft: sie fanden ihn nicht.

Vor dem Schrei, den meine Brüder hervorstießen,
  sind die Dämonen alle ins Dunkel geflohen.
Ins Dunkel sind die Dämonen geflohen,
  von Zittern wurde ihr Fürst befallen.

Ich aber sagte zu meinen Brüdern:
  « Gewährt mir noch eine Stunde! »
Meine Brüder bat ich einzuhalten
  und die feindliche Festung nicht zu zerstören.

Denn ich warte noch auf mein Kleid, bis es kommt,
  damit es den umhüllt, der es tragen soll.
Ich will warten auf mein Licht, das leuchtet,
  bis es aus der Finsternis zurückkehrt.
Ich will warten auf meinen süßen Duft,
  bis er zurückkehrt zu seinem Ort.
Ich will warten auf meine Schwester, die Stunde des Lichts,
  bis sie ihren Schmutz abgeworfen hat.
Ich will warten auf meine Brüder, die Söhne des Lichts,
  bis ihre Zeit vollendet wird.

Wenn mein leuchtendes Kleid endlich kommt,
  wenn es den umhüllt, der es tragen soll,
wenn mein süßer Wohlgeruch
  sich des Moders entledigt und an seinen Ort zu-
rückkehrt,
wenn mein Licht, das leuchtet,
  alles Dunkel hinter sich gelassen hat,
wenn meine Brüder, die Söhne des Lichts,
  ihre Zeit vollendet haben,

wenn meine Schwester, die Stunde des Lichts,
  hinaufsteigt und das Land des Lichts schaut,

dann werde ich mit meinem Fuß auf die Erde
stampfen
  und ihre Finsternis besiegeln.
Mit meinem Haupt will ich an ihre Höhe stoßen
  und ihr Firmament erschüttern.
Die Sterne werden herabfallen wie Blätter.
Ich werde die Finsternis ausreißen und hinausstoßen,
und ich werde das Licht an ihre Stelle pflanzen.
Ausreißen und hinausstoßen werde ich das Böse,
  und das Gute werde ich an seine Stelle pflanzen.

Erfüllt wird der Kosmos vom Lobpreis sein,
  Neid wird es auf der Erde nicht geben.
Die ganze Erde wird erfüllt sein von Gerechten,
  in Frieden werden die Irdischen wohnen.
Aufrührer wird es nicht mehr geben,
  sündige Namen werden nicht genannt.
Die vom Licht Erfüllten werden sich freuen,
  nirgendwo wird Trauer sein.
Gerettet ist alles, was die Lebendigen empfangen ha-
ben,
  sie kehren heim zu dem, was ihr eigen ist.

THOMAS-PSALM IV

Der Knabe seufzte und weinte,
  im Winkel der Unterwelt saß er, im Abgrund.
Der Knabe seufzte und weinte,
  sein flehender Ruf stieg empor.
«Hast du es nicht gehört, du, Großer Glanz?

Hat keiner dir die Kunde gebracht?
Die Unterwelt erregt und empört sich,
  bewaffnet haben sich die Mächte des Abgrunds.
Die falschen Götter empören sich,
  sie haben sich gerüstet gegen mich.
Auch die Göttinnen, die Töchter der Schande,
  sie haben sich gerüstet gegen mich.
Die Göttinnen, die Töchter der Schande,
  sie richten ihre Lanzen auf mich.
Die stinkenden und verwesenden Dämonen,
  sie rüsten sich zum Kampf gegen mich.»

Als der Erhabene davon hörte,
  als ihn die Kunde erreichte,
da hat er einen Gesandten berufen,
  da rief er den Licht-Adamas, den Sohn des Ge-
horsams.
Den Licht-Adamas hat er berufen,
  der ohne Erbarmen ist, der die Rebellen besiegt:
«Geh hinab, Adamas, geh hinab,
  eile dem Knaben zu Hilfe!
Eile zu Hilfe dem Knaben,
  im Winkel der Unterwelt sitzt er, im Abgrund.
Wirf der Dämonen Füße in Fesseln,
  lege der Göttinnen Hände in Eisen!
Die stinkenden und verwesenden Dämonen,
  zerbreche ihren Nacken unter dem Halseisen!
All die falschen Götter, die sich empörten,
  fessele sie unter dem Schwarzen Berg.
Gib Kraft und Vertrauen dem Knaben in seinem
Winkel,

in der Unterwelt drunten.
Gib Kraft und Vertrauen dem Knaben.
  Nun geh und komm zu deinem Vater zurück.»

Adamas waffnete sich und stieg hinab,
  zu Hilfe kam er dem Knaben.
Er brachte Hilfe dem Knaben,
  der im Winkel der Unterwelt saß, im Abgrund.
Er warf der Dämonen Füße in Fesseln,
  Handschellen legte er den Göttinnen an.
Die stinkenden und verwesenden Dämonen,
  ihren Nacken brach er unter dem Halseisen.
All die falschen Götter, die sich empörten,
  er fesselte sie unter dem Schwarzen Berg.
Kraft und Vertrauen gab er dem Knaben,
  der im Winkel der Unterwelt saß, im Abgrund.
Kraft und Vertrauen gab er dem Knaben,
  er führte ihn und kam zu seinem Vater zurück.
Der Vater sagte: «Heil über dich!»
  Die Mächte des Lichtes sagten: «Heil dir und
Segen!
Heil und Segen sollst du, lieber Knabe empfangen,
  klein bist du, doch sollst du Ruhe empfangen.»

THOMAS-PSALM V

Du Schatz des großen Lebens,
  du Kostbarkeit der Erhabenen, die lebendig sind.
Du großer Schatz der Lebendigen,
  wer hat dich aus den Kammern gebracht?
Jemand hat dich aus den Kammern gebracht

und dich unter den Schwarzen Berg geworfen,
  den Wohnsitz der Wesen der Sieben Planeten.
Hervor traten die Wesen der Sieben Planeten:
  entfliehen konnte der Schatz, er konnte entkommen.

Mit sechzig Fallen stellten sie mir nach,
  sechzig Fallgruben bauten sie mir.
Süße Verlockung verbanden sie mit ihren Fallen,
  Feuer legten sie in ihre Gruben.
Die Häscher dachten in ihrem Herzen,
  ich fiele in ihre Schlingen und würde gefangen.
Aber sie wußten nicht, die Wesen der Sieben Planeten,
  daß meine Augen die Schlingen erspäht.
Meine Augen haben die Fallen gesehen,
  mein Herz die Fallgruben wahrgenommen.
Mit meinen Füßen sprang ich über sie hinweg,
  so entkam ich den Fangnetzen.
Ich lief hinweg, sie eilten mir nach,
  sie verfolgten mich in der bewohnten Welt.
Der Mensch ist den Fallstricken entkommen,
  entronnen ist er den Fanggruben.

Ich wandte mich um und sagte zu ihnen,
  den schwächlichen Häschern, die mich verfolgten:
«Hinweg mit euch, hinweg, ihr von den Sieben Planeten,
  schaut nur nach euren Fallen,
schaut nur und achtet auf eure Schlingen,
  laßt euch von euren Fallen beschützen.
Laßt euch verstricken von eurer Verführung,

fallt nur in das Feuer, das ihr entzündet.
Ich gehöre nicht zu den Kindern der Welt,
  ich fall nicht in eure Netze und laß mich nicht
gefangen nehmen.
Ich bin ein Kind der Lebendigen,
  bin ganz eine lichtvolle Lampe.»

Nun zog ich dahin, zog dahin meinen Weg,
  bis ich zum Ufer des Euphrat gelangte.
Am Ufer des Flusses,
  da sitzt ein Knabe, der Psalmen singt.
Ein Knabe sitzt dort, Psalmen singt er,
  der Wohlgeruch des Lebens ruht auf ihm.
Er sprach: «Mein Herz soll werden zum festen
Halt,
  mein Gewissen entfalte sich zum aufmerksamen
Sinn.
Die Lebendigen haben nach mir geschickt,
  einen Gesandten haben sie nach mir ausgeschickt.
Er hat mich bei der Hand genommen
  und mich hinaufgenommen ins Land der Stille.»

THOMAS-PSALM XVIII

An die Pforte des Gartens trat ich,
  vom Duft der Bäume wurde ich schon umfangen.
Da schaute ich hinauf und sprach:
  «Zehn Talente bekommt von mir,
wer mich einläßt in den Garten!
  Zwanzig Stück Silber sogar,
  wer nimmt sie von mir
und läßt mich sitzen im Schatten des Gartens?

Dreißig Stück Silber biete ich,
  wer nimmt sie von mir,
    daß ich eintreten kann in die Mitte?
Ja, fünfzig und weitere sieben,
  wer will sie haben,
    wer läßt mich hinein in ihre Mitte?
Ein volles, rundes Hundert,
  ich biete es an,
    damit ich würdig werde, euresgleichen zu werden!»

Von der Höhe der Wahrheit kamen sie herab,
  die erwählten Sieger sprachen zu mir:
«Was können die zehn Stück Silber bewirken,
  wenn der Pförtner dich nicht einläßt?
Was bewirken schon zwanzig, was dreißig,
  wenn du am Höllentor stehst?
Was kannst du mit hundert kaufen,
  wenn du von deinen Feinden gefoltert wirst?»

«Wenn dein Mund sich der Speisen enthält,
  kannst du eintreten in den Garten.
Wenn dein Auge nicht neidisch blickt,
  wirst du sitzen im Schatten des Gartens.
Wenn du mit deinem Mund wahrhaft sprichst,
  wirst du ihr Bild gezeigt bekommen.
Wenn deine Hände unbefleckt geblieben sind,
  wird man auf den Wortklang deiner Rede hören.
Wenn dein Herz beständig bleibt auf seiner Bahn,
  wirst du in der Mitte stehen können.
Wenn deine Füße auf dem Weg der Wahrheit wandeln,
  wirst du zu ihresgleichen werden.

Wenn du dies tust und dich nicht dem Schlaf über-
läßt,
  wirst du aufwärts gehen und das Land des Lichts
schauen.»

4. Der Hymnus Christi aus den Johannes-Akten

Abschließend zitieren wir aus einem Lied der Johan-
nes-Akten, die wohl auch im 3. Jahrhundert in einer
christlich-gnostischen Gemeinde Syriens entstanden
sind.[81] In den Kapiteln 94–96 überliefert der Verfasser einen Hymnus, den Christus selber unmittelbar
vor der Passion im Kreis seiner Jünger gesungen
haben soll.[82]

> *« . . . wir wollen dem Vater lobsingen und dann hinaus-*
> *gehen zu dem, was bevorsteht.» Er befahl uns nun,*
> *einen Kreis zu bilden, indem wir einander bei den*
> *Händen hielten, trat selber in die Mitte und sagte:*
> *‹Respondiert mir mit Amen!›*
>
> *‹Ehre sei dir, Vater!›*
> *(Und wir umkreisten ihn und respondierten ihm mit*
> *Amen)*

‹Ehre sei dir, Logos!
   Ehre sei dir, Gnade!› – ‹Amen›.
‹Ehre sei dir, Geist!
   Ehre sei dir, Heiliger!
   Ehre sei deiner Ehre!› – ‹Amen.›
‹Wir preisen dich, Vater!
   Wir danken dir, Licht,
in dem Finsternis nicht wohnt.› – ‹Amen›.
‹Wofür wir aber danken, sage ich:
   ‹Gerettet werden will ich,
   und retten will ich.› – ‹Amen.›
‹Gelöst werden will ich,
und lösen will ich.› – ‹Amen.›

Die Gnade tanzt.[83]

‹Flöten will ich,
   tanzet alle.› – ‹Amen.›
‹Ein Klagelied anheben will ich,
   die Trauergebärde vollführt alle.› – ‹Amen.›
‹(Die) eine Achtheit
   lobsingt mit uns.› – ‹Amen.›
‹Die zwölfte Zahl
   tanzt oben.› – ‹Amen.›
‹Dem All zu
   gehört der Tanzende.› – ‹Amen.›
‹Wer nicht tanzt, begreift nicht,
   was sich begibt.› – ‹Amen.›
‹Fliehen will ich,
   und bleiben will ich.› – ‹Amen.›
‹Schmücken will ich,

und geschmückt werden will ich.› – ‹Amen›.
‹Geeint werden will ich,
 und einen will ich.› – ‹Amen.›

‹Ein Haus habe ich nicht,
 und Häuser habe ich.› – ‹Amen.›
‹Eine Stätte habe ich nicht,
 und Stätten habe ich.› – ‹Amen.›
‹Einen Tempel habe ich nicht,
 und Tempel habe ich.› – ‹Amen.›
‹Eine Leuchte bin ich dir,
 der du mich siehst.› – ‹Amen.›
‹Ein Spiegel bin ich dir,
 der du mich erkennst.› – ‹Amen.›
‹Eine Tür bin ich dir,
 (der) du an mir anklopfst.› – ‹Amen.›
‹Ein Weg bin ich dir,
 (dem) Wanderer.› – ‹Amen.›

Anmerkungen

1 Die Originalradierungen (Format jeder Platte 20 × 30 cm) sind auf Bütten gedruckt in begrenzter Auflage bei der Künstlerin erhältlich. Auskunft direkt: *Regine Elsner*, Kallmorgenweg 17, D-2000 Hamburg 52.

2 Vgl. *A.F.J. Klijn*, Edessa, die Stadt des Apostels Thomas. Das älteste Christentum in Syrien, 1965.

3 *E. Schaper / O. Karrer*, Altchristliche Erzählungen, 1967, 69.

4 Ebd. 70.

5 Zitiert nach *Klijn*, a.a.O. 146f.

6 Vgl. *E. Hennecke – W. Schneemelcher*, Neutestamentliche Apokryphen, I. Band, ⁴1968, 290–299.

7 Siehe unten Kapitel II.

8 Vgl. *E. Hennecke / W. Schneemelcher*, Neutestamentliche Apokryphen, II. Band, ⁴1971, 297–372.

9 Ebd. 568–572.

10 Vgl. Theologische Literaturzeitung 102 (1977) 793–804: «Das Buch des Thomas», eingeleitet und übersetzt vom Berliner Arbeitskreis für koptisch-gnostische Schriften.

11 Dazu grundlegend *W. Bauer*, Rechtgläubigkeit und Ketzerei im ältesten Christentum (mit einem Nachtrag hrsg. von *G. Strecker*), ²1964.

12 Zitiert nach *G. Quispel*, Makarius, das Thomasevangelium und das Lied von der Perle, 1967, 21.

13 Ebd. 21.

14 Ebd. 30; vgl. auch *H. Dörries*, Art. «Makarius» = Symeon von Mesopotamien, in: Die Religion in Geschichte und Gegenwart, IV. Band, ³1960, 619.

15 Der hier dargebotene Text des Perlenliedes stellt keine philologisch exakte Übersetzung dar; er ist als freie Übertragung zu verstehen – und dabei um der Verständlichkeit und Einprägsamkeit willen gelegentlich ausführ-

licher als das Original. Eine genaue Übersetzung bietet *G. Bornkamm* an dem in der folgenden Anmerkung genannten Ort 349–353.

16 In deutscher Übersetzung (mit Einleitung und Erläuterungen) zu finden in: *E. Hennecke / W. Schneemelcher,* Neutestamentliche Apokryphen, II. Band, ⁴1971, 110–372.
17 Ebd. 299.
18 *C.G. Jung,* Über die Archetypen des kollektiven Unbewußten, in: Grundwerk 2, 1984, 91.
19 *A. Adam,* Die Psalmen des Thomas und das Perlenlied als Zeugnisse vorchristlicher Gnosis, 1959.
20 Ebd. 68 f.
21 Vgl. Ortiz de Urbina, Die Gottheit Christi bei Aphraater, 1933, 67.
22 Vgl. u. a. *G. Heinz-Mohr,* Lexikon der Symbole, ⁴1976, 236.
23 Vgl. Photina Rech, Inbild des Kosmos. Eine Symbolik der Schöpfung, Bd. II, 1966, 183.
24 a.a.O. 195.
25 a.a.O. 198.
26 Vgl. *H. Egli,* Das Schlangensymbol. Geschichte, Märchen, Mythos, 1982.
27 *E. Peterson,* Theologie des Kleides, in: Marginalien zur Theologie, 1956, 50.
28 Ebd. 53.
29 *E. Hennecke / W. Schneemelcher,* Neutestamentliche Apokryphen, II. Band, ⁴1971, 606.
30 Ebd. 591.
31 Vgl. unten Kapitel III,3.
32 Zitiert nach *D. Forstner,* Die Welt der Symbole, 1961, 626.
33 *H. von Kleist,* Gebet des Zoroaster, in: Sämtliche Werke, o.J., 1075 f.
34 Vgl. *Ph. Rech,* Inbild des Kosmos, Bd. I, 1966, 205.
35 *P. Rießler,* Altjüdisches Schrifttum außerhalb der Bibel, 1928, ²1966, 914.

36 *F. Schiller,* Das Glück, in: Dramen und Gedichte, 1955, 1083.

37 Die hier dargebotene deutsche Version des Thomas-Evangeliums will so genau wie möglich und zugleich verständlich sein; sie informiert im Unterschied zu einer kritischen Ausgabe nicht über Unsicherheiten des Textes, über Lücken, erwägbare Alternativen etc.; berücksichtigt sind neben dem koptischen Text aus Nag Hamadi und den griechisch erhaltenen Stücken (Oxyrhynchus Papyri IV 654; I1 und IV 655) die im Folgenden genannten Übersetzungen:

a) Evangelium nach Thomas. Koptischer Text herausgegeben und übersetzt von *A. Guillaumont, H.-Ch. Puech, G. Quispel, W. Till* und *Yassah 'Abd al Masih,* 1959;

b) Thomas-Evangelium. Übersetzt und besprochen von *J. Leipoldt,* in: *ders. / H.-M. Schenke,* Koptisch-gnostische Schriften aus den Papyrus-Codices von Nag-Hamadi, 1960, 7–30;

c) Das Evangelium nach Thomas. Koptisch und deutsch von *J. Leipoldt,* 1967;

d) Das Thomas-Evangelium übersetzt von *E. Haenchen,* in: Synopsis quattuor evangeliorum, hrsg. von *K. Aland,* 1964, 517–530 (bzw. in: *E. Haenchen,* Die Botschaft des Thomas-Evangeliums, 1961, 14–33). – Die in der Randleiste neben der Übersetzung genannten Texte des Neuen Testaments sind Parallelen im exakten und weiteren Sinne des Wortes; sie zeigen, in welchem Ausmaß das Thomas-Evangelium Jesus-Überlieferung aufgenommen hat.

38 Zur Fundgeschichte vgl. ausführlich *K. Rudolph,* Die Gnosis, 1977, 39 ff.

39 *Rudolph,* Gnosis 48.

40 Ebd. 49.

41 Ebd. 49–53.

42 Vgl. *Ph. Vielhauer,* Geschichte der urchristlichen Literatur, 1975, 618–635, bes. 620f.

43 Vgl. *O. Cullmann*, Das Thomasevangelium und die Frage
    nach dem Alter der in ihm enthaltenen Tradition, in:
    Theologische Literaturzeitung 85, 1960, 321–334.
44 *Vielhauer*, a.a.O. (Anm. 42) 624–629.
45 Vgl. *C.-H. Hunzinger*, Außersynoptisches Traditionsgut
    im Thomas-Evangelium, Theologische Literaturzeitung
    85, 1960, 843–846; *T. Schramm*, Der Markus-Stoff bei
    Lukas, 1971, 10–21 und bes. 150–169.
46 *R. Bultmann*, Die Geschichte der synoptischen Tradition,
    ⁵1961, 30f.
47 *C.-H. Hunzinger*, Unbekannte Gleichnisse Jesu aus dem
    Thomas-Evangelium, in: Judentum – Urchristentum –
    Kirche, FS J. Jeremias, 1960, 209–220.
48 Vgl. *E. Pagels*, Versuchung durch Erkenntnis. Die gno-
    stischen Evangelien, 1981, bes. 94ff.
49 Ebd. 111.
50 Vgl. Ev Phil Spruch 113: «Der Mensch mischt sich mit
    dem Menschen. Das Pferd mischt sich mit dem Pferde.
    Der Esel mischt sich mit dem Esel. . . . Ebenso mischt sich
    der Geist mit dem Geiste, . . . der Logos . . . mit dem
    Logos, . . . das Licht . . . mit dem Lichte. Wenn du zum
    Menschen wirst, wird der Mensch dich lieben. Wenn du
    zum Geiste wirst, wird der Geist sich mit dir verbinden.
    . . . Wenn du zum Lichte wirst, wird das Licht sich mit
    dir vereinigen. . . . Wenn du zum Pferde wirst, zum Esel,
    Rind, Hund, Schaf oder einem anderen von den außen
    und unten befindlichen Tieren, wird dich weder der
    Mensch noch der Geist noch der Logos noch das Licht
    noch das Obere noch das Innere lieben können. Sie wer-
    den nicht in dir ruhen können. Und du hast keinen Anteil
    an ihnen.» Zitiert nach: *H.-M. Schenke*, Das Evange-
    lium nach Philippus, in: *J. Leipoldt / H.-M. Schenke*,
    Koptisch-gnostische Schriften aus den Papyrus-Codices
    von Nag Hamadi, 1960, 31–65, bes. 59. – Zum Stichwort
    «Tierheit» vgl. «Das Buch des (Athleten) Thomas», in:
    Theologische Literaturzeitung 102, 1977, 793–804. –

Zum vielschichtigen Symbol «Löwe» überhaupt *G. Heinz-Mohr,* Lexikon der Symbole, [4]1976, 191–193, ebd. 191: «Die unbändige Kraft des Löwen hat ihn... den Göttinnen des Liebeslebens... beigesellt.» Ebd. 192: «In der Bedeutung des Raubtierhaften und Gierigen ist er an zahlreichen Kirchenportalen warnend mit einem geraubten kleineren Tier oder einem überwältigten Menschen im Rachen dargestellt. Nicht selten ist entsprechend der Höllenrachen als aufgesperrtes Löwenmaul zu sehen...»

51 *W. Schrage,* Das Verhältnis des Thomas-Evangeliums zur synoptischen Tradition und zu den koptischen Evangelienübersetzungen, 1964, 196.

52 Die Deutung ist umstritten, vgl. einerseits *Schrage,* a.a.O. 190–192, andererseits *H.-M. Schenke / K.M. Fischer,* Einleitung in die Schriften des Neuen Testaments, Band I, 1978, 161.

53 Vgl. *C. Colpe,* Art. Gnosis I. Religionsgeschichtlich, in: Die Religion in Geschichte und Gegenwart, II. Band, [3]1958, 1648–1652, Zitat 1648.

54 *H.-M. Schenke,* Die Gnosis, in: *J. Leipoldt / W. Grundmann* (Hrsg.), Umwelt des Urchristentums, Band I, [3]1971, 371–415, Zitat 374.

55 Ebd. 375.

56 Eine ausführliche, allgemeinverständliche Darstellung auf dem neuesten Stand der Forschung gibt das Buch von *K. Rudolph,* Die Gnosis, 1977; und aus der älteren Gnosisforschung muß hier unbedingt das berühmte Werk «Gnosis und spätantiker Geist» – Teil 1, 1934 (3. Aufl. mit Ergänzungsheft 1964), Teil 2/1, 1954 ([2]1966) – von *H. Jonas,* dem Schüler R. Bultmanns und M. Heideggers, genannt werden.

57 Thomas-Akten 15.

58 Vgl. dazu *Rudolph,* Gnosis 65ff.

59 Vgl. *Rudolph,* Gnosis 312ff; *Schenke,* a. Anm. 54 angegebenen Ort 383ff.

60   G. *Bornkamm,* in: *E. Hennecke* / *W. Schneemelcher,* Neu-
     testamentliche Apokryphen, II. Band, ⁴1971, 303.
61   Zitiert in der Übersetzung von *A. Harnack,* Lehrbuch der
     Dogmengeschichte I, ⁴ 1909, 257, Anm. 2.
62   Zitiert nach *J. Leipoldt* / *W. Grundmann* (Hrsg.), Umwelt
     des Urchristentums, Band II (Texte zum neutestamentli-
     chen Zeitalter), ³1972, 366.
63   Vgl. *E. Haenchen,* Die Botschaft des Thomas-Evange-
     liums, 1961, 64.
64   Vgl. dazu *Rudolph,* Gnosis 98 f.
65   Das meint der Titel des «Buches des Athleten Thomas».
66   Vgl. als ein Beispiel die «Zehnte Tat des Thomas» (Tho-
     mas-Akten 119–133): «Wie Mygdonia die Taufe emp-
     fängt». Mygdonia, die Frau des Charis, wird von Tho-
     mas missioniert und bekehrt. Thomas predigt: es ist
     unmöglich, daß ihr ins ewige Leben eingehet, wenn ihr
     euch nicht von euern Frauen befreit, desgleichen auch die
     Frauen von ihren Männern. Mygdonia weiht darauf ihr
     Leben der Keuschheit; sie verweigert ihrem Mann hin-
     fort die eheliche Gemeinschaft: «Du hast keinen Platz
     mehr bei mir, denn mein Herr Jesus, der mit mir ist und
     in mir ruht, ist besser als du!» Charis versucht, seine Frau
     zurückzugewinnen, liebevoll und mit Gewalt – in bewe-
     genden Dialogen und dramatischen Auseinandersetzun-
     gen, ohne Erfolg, denn er – so hat Mygdonia erkannt –
     ist ein Bräutigam, der vergeht und zerstört wird. Jesus
     aber ist der wahrhaftige Bräutigam, da er in Ewigkeit
     unsterblich bleibt. Mygdonia wird getauft; die Taufe
     weist sie aber nicht in diese Welt ein, ganz im Gegenteil:
     sie wünscht sich, daß die Tage ihres Lebens verkürzt
     werden und daß sie schnell weggehen und jenen Schönen
     sehen kann – «von dem ich gehört habe, den Lebendigen,
     der allen Leben schenkt, die an ihn glauben. Dorthin will
     ich gehen, wo weder Tag und Nacht ist noch Licht und
     Finsternis, weder Guter und Böser noch Armer und
     Reicher, Mann und Weib, nicht Freier und Sklave.»

(Thomas-Akten 129) Hier wird wie in Spruch 22 des Thomas-Evangeliums auf Galater 3,28 Bezug genommen. Die Hoffnung auf Überwindung aller ethnischen, sozialen und kreatürlichen Gegensätze in der Nachfolge Jesu nimmt paulinische Tradition auf und legt sie radikal asketisch aus. – Der Spruch 114, der so frauenfeindlich klingt, hat Parallelen in anderen gnostischen Texten: er will etwas Ähnliches sagen, nämlich: die Erlösung bedeutet die Aufhebung der Geschlechtsunterschiede; hier mit der zusätzlichen Vorstellung, daß die Erlösten als Männer/als männlich mit himmlischen Paargenossinnen verbunden werden – zur übergeschlechtlichen mann-weiblichen Einheit und Ganzheit. Vgl. dazu *R.M. Grant/ D.N. Freedman*, Geheime Worte Jesu. Das Thomas-Evangelium, 1960, 180f. und *Rudolph*, Gnosis 288–290.

67   Vgl. *Rudolph*, Gnosis 258 (im Anschluß an *H. Jonas*, am oben Anm. 56 angegebenen Ort, Bd. 1, 170f.).

68   Vgl. dazu *J. Jeremias*, Unbekannte Jesusworte, 1980, 105–110, Text 105.

69   Vgl. dazu *Ph. Vielhauer*, Geschichte der urchristlichen Literatur, 1975, 750–756 (= § 61).

70   *Aurelius Augustinus*, Confessiones, übersetzt von *Joseph Bernhart*, 1955, 449.451 (IX, 7). – Mailand wurde damals von den Arianern bedrängt. Gerade die Notsituation muß eine ekstatische Frömmigkeit gefördert haben. Augustin spricht davon, die Brüder hätten «in heiligem Eifer wie aus einer Kehle, einer Seele zusammen gesungen». Eine Blindenheilung in der Gemeinde erweckte «feurige, strahlende Lobgesänge». Wie eine Befreiung wirkt dieser Gesang auf den bisher unruhig getriebenen Augustin. «Ich weinte um so mehr beim Gesang Deiner Hymnen, ich, der ich einst so schwer nach Dir geatmet und endlich nun aufatme – soweit denn eine Strohhütte Himmelsluft einläßt.»
Nicht alle waren von den mitreißenden Gesängen gleich beeindruckt, zumal manche gnostischen Gemeinden

wohl auch zu magischen Formeln griffen, um das Geschehen noch eindrucksvoller zu machen. Plotin setzte sich gegen solche Beschwörungsriten zur Wehr und sprach von «passenden Sprüchen», «Melodien», «Schreien», «Fauchen und Zischen der Stimme». (*Plotin,* Enneaden II, 9, 14).
Vgl. *K. Rudolph,* Die Gnosis, 1978, 238. – *A.F.J. Klijn* spricht in seinem Buch: Edessa, die Stadt des Apostels Thomas, 1965, 47, davon, es habe in der alten Kirche eine «Liederfrage» gegeben. «Gerade weil die Kirche unverwandt an dem Gedanken festhielt, daß das Singen von Hymnen eigentlich ein himmlisches Tun ist, kam es schließlich zu einem Verbot des Hymnengesangs in der Kirche. Das Konzil von Laodicea 360 bestimmte, daß in der Kirche nur Psalmen gesungen werden durften. Die Gefahr individueller und unkontrollierbarer Äußerungen des Geistes wurde zu hoch (ein-)geschätzt.»

71   Übersetzung nach *W. Bauer,* der die Oden Salomos mit einer Einleitung versehen, erläutert und übersetzt hat, in: *E. Hennecke / W. Schneemelcher,*   Neutestamentliche Apokryphen, II. Band, [4]1971, 576–625.

72   So vertraut und verständlich das Bild vom Himmelsbrief, so fremdartig ist das Motiv von dem heranrollenden Rad, das alles zu zermalmen droht, was sich ihm in den Weg stellt. Es ist ein Zeichen für Königtum und Herrschaft. Vielleicht ist dabei Bezug genommen auf die Merkabah, den Gotteswagen von Ezechiel 1, auf dem die Herrlichkeit Gottes ruht. Der Brief als Symbol für den Offenbarer ist gleichsam auf dem Rad(-wagen) inthronisiert. Nun kann und wird sich das Heil unwiderstehlich entfalten. Vgl. *H.J.W. Drijvers,* Kerygma und Logos in den Oden Salomos, dargestellt am Beispiel der 23. Ode, in: A. M. Ritter (Hg.), Kerygma und Logos, 1979, 153–172.

73 Vgl. *G. Bornkamm,* in: *E. Hennecke / W. Schneemelcher,* Neutestamentliche Apokryphen, II. Band, [4]1971, 297–372, bes. 311f. 319.329.

74 Vgl. *A.F.J. Klijn,* Edessa, die Stadt des Apostels Thomas, 1965, 121–125.

75 *G. Bornkamm,* a.a.O. 306.

76 Der hier dargebotene Text ist keine philologisch genaue Übersetzung, sondern eine um der Verständlichkeit willen freiere Übertragung.

77 Text in freier Anlehnung an *G. Bornkamm,* a.a.O. 319.

78 Text in freier Anlehnung an *G. Bornkamm,* a.a.O. 329.

79 Vgl. *P. Nagel,* Die Thomaspsalmen des koptisch-manichäischen Psalmenbuches, 1980; *A. Adam,* Die Psalmen des Thomas und das Perlenlied als Zeugnisse vorchristlicher Gnosis, 1959.

80 Den Text der hier ausgewählten Thomas-Psalmen bieten wir in freier Anlehnung an die Übersetzungen von *P. Nagel* (a.a.O. Anm. 79) und *A. Adam* (a.a.O. 2–28).

81 Vgl. *K. Schäferdiek,* in: *E. Hennecke / W. Schneemelcher,* Neutestamentliche Apokryphen, II. Band, [4]1971, 125–176.

82 Ebd. 153–157.

83 Vgl. die rabbinische Überlieferung, wonach Gott seinen Gerechten einen Reigentanz veranstalten wird, «und er selbst wird unter ihnen sitzen im Gan Eden, und jeder wird mit seinem Finger hinweisen, wie es heißt Jes 25,9: Sagen wird man an jenem Tage: Siehe, unser Gott ist dies, auf den wir harrten, daß er uns befreie, Jahwe ist dies, auf den wir harrten, lasset uns frohlocken und uns freuen über sein Heil!» Im Midrasch zu Psalm 48 § 5 (139a) wird hinzugefügt: «Und Gott tanzt mit ihnen»; an anderer Stelle wird Gott selbst als «Reigenführer» bezeichnet. Belege bei H.L. Strack und *P. Billerbeck,* Kommentar zum Neuen Testament aus Talmud und Midrasch, Bd. IV, 2, 1928, 1154.